Res Publica

Sous la direction de
Jean-Pierre Chevènement

Res Publica

Vingt ans de réflexion pour l'avenir

PLON
www.plon.fr

92, avenue de France
75013, Paris
Tél. : 06 45 87 50 01
www.plon.fr
www.lisez.com

Dépôt légal : octobre 2024
ISBN : 978-2-259-32061-0
Mise en pages : Nord Compo

Introduction

Jean-Pierre Chevènement

Je ne m'attendais pas à voir, de mon vivant, la France menacée de disparition. Réalité sensiblement éternelle, je pensais qu'elle me survivrait, comme elle a, depuis des siècles, survécu aux générations.

Au soir de ma vie, le scénario contraire est devenu envisageable : la France, me semble-t-il, cesse peu à peu de donner sens à l'effort des générations. Elle est de moins en moins le repère leur permettant d'orienter leur existence et dont je rêvais, dans ma jeunesse, qu'il pût orienter la mienne. Si ce désamour s'enracine dans l'histoire du dernier siècle (comment effacer la brûlure de 1940 ?), force est de constater que la reconstruction politique, matérielle et surtout morale de la France opérée par le général de Gaulle n'a pas suffi. L'affaissement de notre pays, sensible depuis le début des années 1970, est aussi la conséquence d'une absence de cap et de renoncements qui ont engendré, sur fond de globalisation et d'individualisme débridés, la dilution de notre souveraineté, l'effondrement de notre outil productif, l'explosion des fractures sociales et la dilution de notre souveraineté. Cet affaissement ne peut se comprendre qu'à travers un renoncement plus profond de nos élites à continuer la France. Celle-ci a survécu à d'autres crises majeures. Après le siècle de Saint Louis, celui des cathédrales, de la grande peste qui l'avait privé de près de la moitié de sa population, de la guerre de Cent Ans qui avait failli en faire un protectorat de l'Angleterre, de l'encerclement du Royaume par l'empire de Charles Quint, des guerres de religions qui mirent l'Espagnol à Paris, de la lutte pour l'hégémonie mondiale qui, du XVIIe au XIXe siècle, nous opposa à la Grande-Bretagne, trois guerres enfin dont deux mondiales, avec l'Allemagne. À l'occasion de toutes les crises qu'elle a connues, à chaque fois la France est repartie. C'est qu'il y avait encore dans nos élites assez de foi, d'esprit de sacrifice, de sens de l'intérêt collectif pour permettre un nouveau départ. Et c'est la question qui se pose aujourd'hui.

La gauche, depuis les années 1980-1990, a sombré dans un néolibéralisme dont elle ne parvient plus à s'extraire. La droite, qui l'a accompagnée sur ce chemin, n'a pas su préserver l'héritage du gaullisme. La Ve République s'est dégradée. Elle a perdu de vue le sens de l'État républicain. C'est elle qui, au prétexte du marché unique européen puis de la monnaie unique, nous a fait basculer dans un libre échangisme où le levier politique allait échapper définitivement à la représentation des citoyens. L'européisme a gangrené le sens de l'intérêt général. C'est au niveau national, en effet, que le sens de l'appartenance se manifeste encore avec le plus de force. Et c'est là qu'on l'a laissé dépérir. La crise de l'État-nation a frappé les européens, y compris le Royaume-Uni qui avait pourtant été la seule à résister à Hitler. Deux guerres mondiales n'auraient pas suffi à abattre l'édifice de la nation civique si un dessein plus vaste, celui d'une mondialisation capitaliste dominée par les États-Unis, n'avait pas ruiné les vieilles allégeances. L'intérêt national a ainsi trop souvent cessé de légitimer l'obéissance civique. Et pourtant rien ne l'a remplacé.

Est-il possible de remonter la pente ? Pour faire repartir la France, la foi est la première des nécessités. Mais la foi qui ne s'abreuverait pas aux sources de la pensée resterait impuissante. C'est pourquoi je n'ai jamais conçu l'action politique que soutenue par un puissant mouvement d'idées.

*

Il y a vingt ans, en 2004 précisément, était créée la Fondation Res Publica reconnue d'utilité publique l'année suivante en 2005, fondation de recherche et de prospective destinée à contribuer, en toute indépendance, au débat public. Ayant pris depuis l'élection présidentielle de 2002 de la distance avec la vie politique au quotidien, je désirais à travers cette Fondation proposer des grilles de lecture sur les enjeux de notre temps et donner des éclairages au long cours sur les intérêts de la France dont nos classes dirigeantes, dans un passé récent, s'étaient si souvent détournées. La Fondation Res Publica visait par ailleurs à remettre de la raison dans le débat et à retrouver le sens des mots, comme l'explique fort bien par ailleurs l'éminent ambassadeur Alain Dejammet qui a longtemps présidé son conseil scientifique. Comment le faire mieux qu'en revenant aux sources de la République, celle-ci étant sans cesse invoquée par les mêmes qui la laissaient s'affaisser en tous domaines, la vidaient de son sens profond et oubliaient les combats historiques et les idéaux qui l'avaient guidée ? Alors que notre système politique se délite à une vitesse accélérée, et que notre pays se voit frapper par des crises d'une violence toujours accrue, ces objectifs restent de mise. La gauche n'a pas fait l'effort intellectuel qui lui permettrait de justifier les ambitions contenues dans son programme. Que plus de dix millions d'électeurs cherchent l'issue dans les solutions simplistes mises en avant par le Rassemblement national est tout aussi préoccupant. L'échec du « en même temps », c'est-à-dire du dépassement de la droite libérale et de la gauche réduite aux bons sentiments, traduit enfin une crise plus profonde, celle de la Ve République, incapable de trouver en elle-même un remède à ses maux. Cette crise nous interroge enfin sur nos institutions : est-ce que les réponses trouvées jadis par Charles de Gaulle tiennent encore la route plus de soixante ans après avoir été élaborées ? Et si tel était le cas, à quelles conditions ?

Je ne peux que me remémorer ce que m'avait dit Didier Motchane à la veille de sa mort : « Je meurs serein. Ce pour quoi j'ai combattu ne viendra pas de mon vivant. Dix ans dans la vie d'un homme c'est beaucoup. Mais c'est peu dans la vie des peuples. » Comme lui, je persiste à penser qu'une crise du système permettra de rebattre les cartes. Les convulsions que vit aujourd'hui le monde en donnent à la France l'occasion. Comment donc, dans ce monde fragmenté et divers, garder le cap de l'intérêt public ? Pour Res Publica qui a organisé en vingt ans près de cent quatre-vingt-dix colloques donnant lieu à publication, il n'était pas question de faire une synthèse qui eût contredit notre souci de garder, sur tous les sujets, le débat ouvert. C'est pourquoi nous avons demandé à une vingtaine de contributeurs – choisis parmi les esprits les plus aigus – d'éclairer les conditions de maintien de notre indépendance dans le siècle qui vient, s'appuyant à la fois sur une réflexion quant à l'avenir du modèle républicain français et sur notre capacité à faire évoluer les outils de la souveraineté nationale dans le nouveau désordre mondial.

Il y a dans cet ouvrage collectif des munitions pour l'avenir, si la volonté politique ne fait pas défaut. Le point essentiel concerne l'avenir de la construction européenne et le sens de notre politique étrangère. Notre capacité à porter une voix indépendante dans le monde dépend des libertés que nous serons capables de prendre vis-à-vis d'un modèle néolibéral que nous avons combattu dès l'origine, quand s'élaborait le traité de Maastricht. Le modèle républicain français est à reconstruire, alors que l'esprit de la Ve République a été profondément dévoyé. Au cœur de ce modèle, il y a l'école et bien sûr, face aux obscurantismes, la laïcité. L'enjeu de l'intégration de nouvelles générations va de pair avec la préservation du modèle de la nation civique. Comment rallumer les Lumières ? Tel est le défi qu'assigne à la France Jean-Yves Autexier, qui a été le premier directeur de la Fondation Res Publica, et qui préside aujourd'hui le mouvement Refondation républicaine. C'est cet enjeu qui donne sens à l'effort de réindustrialisation et de reconquête de notre indépendance en matière énergétique (nucléaire), agricole et plus généralement scientifique et technologique. Pour que cet objectif reste accessible à la France, il faut que notre conviction reste vivace : celle que la France n'est pas finie. Mais pour que cet objectif reste accessible dans l'actuel désordre du monde, il faut que la France retrouve confiance en elle-même. Cela a un nom : le courage.

Du titre de la Fondation : Res Publica

Alain Dejammet

Le choix d'un titre est pour une fondation de recherche la première des tâches. Rituel délicat, car l'étiquette présage du contenu et si la coutume est de placer les travaux sous le patronage de telle ou telle sommité défunte et qui n'en peut mais, la décision peut susciter la dispute. Ainsi, dans un domaine voisin, celui de la cérémonie de baptême d'une promotion de l'ex-ENA, l'adoption du nom de Stendhal souleva l'ire de tous ceux qui ne se reconnaissaient pas dans les divagations hédonistes d'un diplomate intermittent. Mais il en fut différemment avec Jean-Pierre Chevènement. Alors que se pressaient autour de lui les champions de mille personnalités diverses, on le vit, sans surprise, récuser l'ombre protectrice, mais pesante, de tel ou tel grand auteur (ou autrice) et de conclure, sans autre forme de procès : ce sera Res Publica. Quatre syllabes, claquant vif et fort et que l'on devine lourdes d'histoire et de sens. Mais pourquoi le latin ? Pourquoi, non pas République, mais *Res Publica* ?

Parce que s'en tenir à la langue française n'aurait pas permis de s'entendre sur une définition claire et partagée du très riche mot qu'est république. Qu'on en juge par la variété des définitions données depuis l'Antiquité, la Renaissance, les Lumières, la Révolution, les Temps modernes, par politologues ou dictionnaires. Philosophie du pouvoir plus que description d'un régime chez Platon ou Jean Bodin, nuances respectueuses, tout autant chez Montesquieu que Rousseau ou Diderot.

Ainsi Montesquieu, dans *L'Esprit des Lois* : « Lorsque dans la République, le peuple en corps a la souveraine puissance, c'est une démocratie. Lorsque la souveraine puissance est entre les mains d'une partie du peuple, cela s'appelle une aristocratie. »

Ainsi Diderot, dans l'*Encyclopédie* : « République… Forme de gouvernement dans lequel le peuple en corps ou seulement une partie du peuple a la souveraine puissance… »

Ainsi Jean-Jacques Rousseau, dans *Du contrat social* : « J'appelle République tout État régi par les Lois, sous quelque forme d'administration que ce puisse être, car alors l'intérêt public gouverne et la chose publique est quelque chose. »

Ainsi le *Dictionnaire de l'Académie française* (l'édition de 1772) : « République, État gouverné par plusieurs. La République romaine, la République d'Athènes, la République de Venise… Le terme de République comprend également l'état populaire et l'état aristocratique. »

Ainsi Voltaire : « Une République n'est point fondée sur la vertu ; elle l'est sur l'ambition de chaque citoyen, qui contient l'ambition des autres. »

Ainsi le *Littré* : « République est la chose publique, et n'implique la forme du gouvernement que par un sens particulier. Ainsi les empereurs romains avaient-ils conservé le nom de république, et les premières pièces frappées en 1801 portaient d'un côté République française, et de l'autre "Napoléon Empereur". Démocratie au contraire exprime que c'est le peuple entier qui a le gouvernement ou qui le confère à des magistrats de son choix élus pour un temps assez court. Les États-Unis sont une démocratie. La démocratie est l'opposé de l'aristocratie ou république aristocratique. C'est donc prendre démocratie en un faux sens que de dire, comme on le fait tous les jours, que la France est une démocratie. »

Ainsi le *Petit Larousse* : « Adoptée par des régimes politiques divers, la République n'induit pas nécessairement la démocratie (pas plus que la démocratie ne suppose nécessairement la République). »

Ainsi le *Petit Robert* : « Forme de gouvernement où le pouvoir et la puissance ne sont pas détenus par un seul et dans lequel le chef de l'État n'est pas héréditaire. »

À survoler ces variantes, on devine que, face à république, le mot de démocratie, dégagé des nuances, des repentirs et d'apparents paradoxes, gagnera en popularité. Ne bénéficiera-t-il pas d'une définition quasi mathématique qui, depuis le siècle de Périclès, timbrée par Thucydide, se retrouve jusque dans la tentative, avortée, d'en faire la devise d'un projet récent de Constitution européenne. « Parce que notre régime sert les intérêts de la masse des citoyens et pas seulement d'une minorité, on lui donne le nom de démocratie. » Thucydide ne s'en tient cependant pas là. Et dans l'oraison funèbre qu'il prête à Périclès, il énumère quelques-uns des nombreux bénéfices que les Athéniens recueillent de leur système politique : égalité devant la loi, tolérance dans les rapports humains, goût ordinaire de la beauté, charité et générosité… C'est, semble-t-il, muni de ce léger bagage qu'un jeune noble français parcourut au XIXe siècle les États-Unis à l'ère où les monarchies européennes prétendaient se souhaiter libérales.

Alexis de Tocqueville revint de sa rapide mission, riche de térébrantes observations sur la démocratie en Amérique dont ses hôtes célébrèrent la justesse et vantèrent l'exemplarité. Jacqueline de Romilly longtemps se désola que Thucydide fût moins connu en France que dans les pays anglo-saxons mais, de fait, c'est l'auteur grec qu'Albert Thibaudet, le meilleur de nos critiques littéraires, s'en allant au front, emporta dans sa musette (*La Campagne avec Thucydide*) plutôt que l'enquête d'Hérodote glissée dans la poche du canonnier à cheval Courier. Mais de cette abondance de réflexions, parfois contradictoires entre république et démocratie, le tableau peut paraître confus. On comprend que, soucieux de clarté et de bon sens, Régis Debray ait décidé de mettre de l'ordre, de poser, par voie de presse, la question : « Êtes-vous républicain ou démocrate ? », et très largement d'aider lui-même à répondre. D'où les exemples qu'il donne autour de quelques idées-forces : « La République, c'est la liberté plus la raison. La démocratie, c'est ce qui reste d'une république quand on éteint les lumières. » Ou bien en osant la mention méconnue par beaucoup de la Nation : « En République, chacun se définit comme citoyen et tous les citoyens composent la nation. En démocratie, chacun se définit par sa communauté et l'ensemble des communautés fait la “société”. Ou bien, la raison étant sa référence suprême, l'État en république est unitaire et par nature centralisé. », « L'idée universelle régit la république. L'idée locale régit la démocratie. » Et enfin : « Le maître mot en démocratie sera communication. Et en république, institution. »

L'aboutissement, en image, de ce déferlement venu en plusieurs décennies d'outre-Atlantique ? « Ainsi avons-nous célébré en 1989 la naissance de l'idée française dans les formes américaines, et tout le monde d'applaudir au défilé Goude, apothéose démocratique, abomination républicaine... On m'a volé mon bicentenaire. "Non, on m'a volé ma république !". » Et au terme de la démonstration, le jugement de Régis Debray : « Dans la république française de 1989, la république est devenue minoritaire. La démocratie a vaincu. »

Verdict accablant, définitif ? Non, car c'est à ce moment, tournant de siècle, qu'intervient précisément le fondateur d'un nouvel institut d'études et de recherche et que celui-ci impose la renaissance de la république, en lui redonnant son nom immémorial Res Publica. En choisissant le latin, Jean-Pierre Chevènement se dégage du brouillard sémantique qu'ont répandu les tenants de définitions tour à tour exclusives ou ambiguës. Jean-Pierre Chevènement n'entre pas dans la querelle aux origines d'ailleurs contradictoires et datant de la guerre de Sécession entre républicains et démocrates américains. Il prend tout le monde à contrepied en revenant au cœur de l'expression « *Res Publica* », et en martelant le substantif *Res*, qui signifie « la chose », et l'adjectif *Publica*, pour « publique ». La chose, *Res* – et non pas *cosa* comme en italien –, c'est-à-dire ce qui existe, qui attire l'attention, qui éveille l'envie, apparaît comme un bien. Mais cette chose est publique, c'est-à-dire, de la manière la plus simple, la plus compréhensible que l'on puisse utiliser, qu'elle est à l'opposé d'un bien privé, qu'elle est ouverte à l'appropriation par tous... Statut qui suppose que tous puissent accéder à ce bien, en toute liberté – et le partager de manière juste, en toute égalité. Le partage ne peut être égal que si le droit d'autrui sur la « chose publique » est garanti. Deux principes sont ainsi fondateurs : la liberté pour accéder, l'égalité pour partager.

Le respect des principes de liberté et d'égalité inséparables de la notion de *Res Publica* exige donc que soit aussi mis en œuvre un troisième principe, consubstantiel au bon fonctionnement de la Cité, indispensable à la prise en compte des besoins d'autrui : celui de la fraternité. Nul besoin de rouvrir le dossier complexe de la République dans son rapport avec la démocratie. Jean-Pierre Chevènement a jugé que le plus simple était de cristalliser dans deux mots qui forcent l'attention et parlent à la conscience, les principes de liberté, égalité et fraternité, qui fondent la Fondation Res Publica.

1

L'INDÉPENDANCE DE LA FRANCE AU DÉFI DES CRISES

La France et l'Europe, ou l'avenir de la question nationale

Marie-Françoise Bechtel

En ce début de XXIe siècle, un spectre hante l'Europe : celui des nations. Fantôme des espoirs aujourd'hui enterrés d'une « paix entre les nations » pour certains, lambeau de souverainetés déchirées par l'histoire pour d'autres, jamais la question nationale ne se sera posée en Europe de façon plus pressante qu'aujourd'hui. Paradoxe ? Non : effet des crises. Crise interne avec une construction supranationale qui n'a pu faire la preuve de son efficacité ni susciter l'engagement des peuples et qui pourrait aujourd'hui se fracturer sur une crise géopolitique d'ampleur. Tel est le bilan d'un projet qui, selon les uns n'a pas su suivre les injonctions des pères fondateurs, pour les autres aura failli faute de bases saines dès l'origine. Mais crise qui a au moins un mérite : elle signe la fin du temps des leurres. Un continent déchiré à son extrémité orientale, qui pèse trop pour être négligeable dans l'ordre du monde, mais pas assez pour s'imposer au premier rang des puissances, telle est l'Europe aujourd'hui. C'est que la crise externe n'est plus niable : elle tient en quelques données où s'inscrit notre subordination économique, stratégique, technologique, linguistique et culturelle à la puissance américaine. La crise interne ne l'est pas moins, avec une monnaie mal conçue et mal gérée, des institutions dévoyées de leurs missions, une concurrence des États là où la synergie serait désirable, une posture internationale illisible.

Hic Rhodus...

Un tel constat devrait signer la fin des illusions les plus tenaces. Tous ces faits n'appellent pourtant de la pensée dominante que dénégations vertueuses planant sur une vision éthérée des choses en fracture directe avec les opinions : les élections au Parlement européen de juin 2024 l'auront encore une fois illustré. Pourtant à quoi sert-il aujourd'hui de dépeindre aux peuples sous de fausses couleurs la réalité d'une Union qui ne leur offre ni un surcroît de prospérité, ni la figure d'une puissance dans laquelle ils pourraient se projeter, ni même une démocratie répondant aux canons historiques de la souveraineté populaire ? Plus que tout, peut-être, est en voie de perdition la capacité de l'Europe à parler au monde d'une troisième voie, celle d'un modèle pourtant défendable de paix, de démocratie et d'équilibre entre les puissances. Au contraire, la guerre d'Ukraine est un révélateur de l'ensemble de ces lacunes. Elle crée un précipité débouchant sur un risque supplémentaire d'affaissement : élargissement et fédéralisation sont sur la table en ces temps de crise et ce ne sont pas de bonnes nouvelles.

Hic saltus ?

L'histoire ne repasse pas les plats : il est devenu logique et salutaire de rechercher une voie de sortie vers une véritable recomposition de l'Union européenne (UE). Celle-ci ne pourra se faire sans les nations : c'est la leçon du passé, c'est le défi du futur en même temps que l'intérêt de la France. La tension vers une Europe européenne revêt aujourd'hui l'utilité du mythe fondateur. On aurait tort de le jeter aux poubelles de l'histoire car il est *historiquement* la seule issue aux apories évoquées ci-dessus. C'est en outre pour la France une question dans laquelle se joue son destin.

D'abord prendre la mesure de la crise identitaire de la construction européenne

Notre fondation a, depuis vingt ans, fourni de nombreux travaux éclairant ce chemin sans se satisfaire ni des dénonciations ni des incantations, mais en cherchant à ouvrir des perspectives. Il n'y a certes pas lieu de se leurrer : il sera très difficile de faire évoluer un système européen bouclé sur lui-même à grand renfort de procédures opaques, de lobbies, d'élites persuadées de la supériorité de la mécanique sur la dynamique des aspirations des peuples. Sans oublier le constat d'Hubert Védrine : l'indépendance n'est pas dans les gènes de l'Europe. Il convient donc de commencer par l'état des lieux.

Au-delà même de la prophétie mendésiste...

Qu'il s'agisse de la subordination de l'économie nationale, ou de la prise de pouvoir par la dictature d'une Commission dénuée de légitimité politique, depuis lors relayée par les juges, le cycle des trente dernières années aura donné raison et au-delà à la mise en garde de Pierre Mendès France[1]. On rappellera que cette dernière portait sur l'affaiblissement probable d'une France qui ne pourrait soutenir l'inégalité des charges sociales et fiscales ni même

1. Dans son discours souvent cité du 18 janvier 1957, contre la ratification du traité de Rome.

la concurrence due à l'immigration et ce au sein seulement des Six. Pierre Mendès France pouvait-il se douter que quatre décennies plus tard la construction européenne s'élargirait à un vaste espace voué à la concurrence la plus débridée entre productions et travailleurs ?

Et des mises en garde qui ont suivi...

C'est avec la même acuité d'analyse que Jean-Pierre Chevènement devait dans les années 1990 dénoncer la logique du traité de Maastricht ainsi qu'un marché unique étouffant peu à peu notre industrie, puis la mise en place d'une monnaie unique là où une monnaie commune eût tenu compte de l'hétérogénéité des économies des Douze[1]. À une différence près avec l'alerte mendésiste : Jean-Pierre Chevènement, comme Philippe Seguin, ne croyait pas en l'Europe de Jean Monnet dans ses fondamentaux mêmes, c'est-à-dire comme disparition programmée de la nation[2]. C'est pourquoi ils ont aussi dénoncé avec constance la prise de pouvoir par les juges européens inventant l'idée que la construction européenne représenterait « un ordre juridique propre s'imposant aux États membres[3] ». Et, dernière étape dans cette marche : la démission des juridictions nationales elles-mêmes, baissant pavillon devant la force légale de textes européens s'opposant à la loi souveraine en principe protégée par la Constitution.

1. Jean-Michel Naulot, dans un autre chapitre du présent ouvrage, livre une analyse rigoureuse des défauts de l'euro et de sa mise en place.

2. Jean Monnet considérait dès les débuts de la construction européenne que la France était finie, voir Jean-Pierre Chevènement, *La Faute de M. Monnet*, Paris, Fayard, 2006.

3. Arrêt de la Cour de justice des Communautés européennes du 15 juillet 1964, dit Costa c/ ENEL, code 6/64.

On peut aujourd'hui mesurer les dérives auxquelles a conduit l'oubli constant de ces alertes

Trois décennies après Maastricht et l'ouverture au grand large de la mondialisation avec l'Acte unique, quinze ans après le traité de Lisbonne, sans oublier le Brexit, quel est au fond le bilan ? Le PIB des pays de la zone euro qui était encore à sa création égal à celui des États-Unis n'en représente aujourd'hui que moins des deux tiers, après plus de vingt ans de monnaie unique. Celle-ci s'est imposée au prix d'une marche forcée des économies derrière le modèle allemand : la crise grecque, la dévitalisation de l'industrie française, et aujourd'hui de la compétitivité de son agriculture en sont, entre autres, les témoignages.

On n'aura garde d'oublier les ravages causés en parallèle par la concurrence interne au sein d'une Union élargie à douze puis quinze puis vingt-sept, l'affaiblissement des services publics, la concurrence des travailleurs. Il faut y ajouter la confiscation de pans entiers de la souveraineté nationale par les institutions de Bruxelles. Et on ne saurait oublier le passage à la toise *globish* des langues et cultures. Tout cela a pesé lourd dans le verdict du peuple français consulté en 2005 sur le projet de Constitution européenne. Face à ce bilan, une certaine solidarité européenne dans la gestion de la crise économique déclenchée par le Covid, perspective qui reste incertaine pour les défis futurs, doit être mise en balance avec le fait qu'aucun instrument commun ne soit véritablement prévu pour faire face à la concurrence de la loi américaine de réduction de l'inflation (IRA)[1], au renchérissement du coût de l'énergie, aux insuffisances

1. De l'anglais « *Inflation réduction Act* », abrégé en IRA.

des investissements dans la recherche et la technologie qui sont les questions cruciales d'un avenir européen.

Poser correctement la question nationale est ainsi le prolégomène d'une Europe future

Notre fondation n'a jamais soutenu une lecture régressive de la perte de notre souveraineté. Les tentations ne manquent pas aujourd'hui d'invoquer le repli, la désobéissance ou la sortie. Un dialogue de sourds s'est instauré entre défenseurs psittacistes de « l'Europe qui protège » et partisans fiévreux d'une sorte de défi mal soupesé, jeté au nom de la souveraineté bafouée. Que faire ? Il faut ouvrir des perspectives, penser le futur à partir de la question nationale et non contre elle, rejetant la logique identitaire figée au profit d'une idée confédérale où les talents de nos nations seraient développés et non rabotés.

D'abord la lucidité : ne pas se leurrer sur les apories du couple[1] franco-allemand

Seul un projet politique commun des deux plus grands États de l'Union aurait pu changer la donne. Or l'axe diplomatique majeur qui était l'entente franco-allemande et dont notre pays, depuis le début du siècle, n'a plus su jouer[2], se heurte clairement à une impasse. Même si une coalition allemande hier tiraillée devait se voir remplacée par un

1. Qu'il soit ici rendu hommage à la lucidité de Coralie Delaume, analyste aiguë des dérives de l'Europe, dont le dernier ouvrage était intitulé *Le Couple franco-allemand n'existe pas*, Paris, Michalon, 2018.

2. Voir le chapitre de Jean-Michel Quatrepoint intitulé « Interroger la question allemande », dans le présent ouvrage.

gouvernement plus cohésif, on peut légitimement supposer que les fondamentaux ne changeront pas : le retour à une conception stricte des déficits budgétaires est le mantra pour tout gouvernement d'outre-Rhin ; la remise en cause patente de son modèle économique conduit l'Allemagne à privilégier le renforcement de ses liens avec le marché chinois. Son abandon du nucléaire écarte toute coopération utile en matière énergétique. Et ce ne sont pas les demi-compromis qu'elle offre au partenaire français en matière d'industries de défense qui pourront fonder une entente d'avenir. La France ne dispose donc pas d'un allié fort pour convaincre le Conseil européen en faveur d'une vision de l'économie européenne tournée vers la puissance face à l'IRA américain. Nombreux sont pourtant les économistes de premier rang qui y voient la porte de l'avenir pour une UE[1] qui pourrait ainsi cesser de faire figure d'« herbivore dans un monde de carnivores » selon la formule de Franck-Walter Steinmeier.

Pousser l'alternative confédérale pendant qu'il est encore temps

Le contre-modèle du plan Fouchet, jusqu'à l'invocation d'une Europe confédérale par le président Mitterrand, voit s'effriter ses chances de réalisation. Pourtant à un élargissement qui mettrait en péril la paix et la sécurité du continent européen, il faut plus que jamais opposer le modèle confédéral joint à une architecture de sécurité pour l'ensemble du continent. C'est la proposition de « Communauté politique

1. Ainsi Patrick Artus pour qui le remplacement de la politique monétaire par la politique budgétaire ne répond pas aux besoins très élevés de la zone euro en dépenses publiques afin d'assurer le niveau nécessaire de celles-ci pour l'avenir.

européenne », reprise par Emmanuel Macron, instance réunie à Prague en octobre 2023. Contre-proposition réaliste face à une fédéralisation délétère, elle serait le lieu idéal tant de transactions entre intérêts divergents que de règlement des crises internes. Outre ce rôle qui n'est pas mineur, quelles seraient aujourd'hui les pistes qui pourraient lui permettre de s'incarner ?

D'abord l'utilisation de la méthode inductive. Les grands projets européens de coopération entre pays volontaires n'ont pas manqué dans le passé, d'Ariane à Airbus. Cette preuve par l'exemple montre bien que l'entente de quelques États, outre son sens économique, a l'avantage de permettre de dessiner des espaces à géométrie variable au sein d'une Union marquée par les disparités. À l'heure où plusieurs États s'engagent dans le renforcement de leur défense et où la relation transatlantique voit son futur interrogeable, il y a certes beaucoup de chemin à faire pour trouver une entente autour de projets communs d'ampleur. Du moins ne faut-il pas lâcher prise en matière militaire pas plus qu'en matière de recherche fondamentale, de numérique et de technologie ou de projets spatiaux. Et qui sait si demain la question de la fourniture d'énergie, qui a déjà créé un rapprochement entre douze États engagés dans la filière nucléaire, ne pourrait conduire à des ententes en d'autres domaines dans une mise en forme plus structurée ?

Ensuite un projet institutionnel : faire vivre des cercles concentriques au sein de l'Union pourrait, on l'a vu, être porté par des projets à fort potentiel économique. Mais on peut aussi les appliquer à des domaines spécifiques. Ainsi une harmonisation fiscale au sein de la zone euro aujourd'hui trop timide serait une exigence qui aurait le mérite de mettre plus de justice dans la concurrence économique. Mieux distinguer la zone euro des autres pays

(20 pays sur 27 aujourd'hui) serait également un premier pas vers une Union de cercles concentriques, anti-modèle réaliste pour une fédération que les peuples n'accepteront pas. Une des finalités de ce projet serait d'arriver enfin à faire de l'euro une monnaie de réserve pouvant rivaliser avec le dollar. Enfin quels alliés trouver au sein de l'UE pour, à défaut de concurrencer l'IRA, tirer nos propres conclusions en matière de protection de nos frontières y compris en matière agricole ? Ces sujets sont audibles pour certains de nos partenaires (qui ne sont pas toujours les mêmes). Une vie en commun confédérale le permettrait.

Au-delà, les défis du présent sont si graves qu'il devient crucial de travailler à une architecture de paix et de sécurité pour l'ensemble du continent européen. Le juste pari gaulliste répond aujourd'hui à une urgence, celle d'un défi occidental mal pensé et mal mené, alimenté par des forces internes et externes – on songe au rôle du Royaume-Uni – qui nous entraîne aujourd'hui vers des dérives irresponsables. Les discours de la Sorbonne[1] sont passés de la lucidité à une inquiétante régression. La crise externe rejoint ici la crise interne. Plus que jamais, il faut renouer avec ce mélange réussi de réalisme et d'ambition qui a caractérisé la période gaulliste, y compris en ce qui concerne notre lien avec l'Otan. Dans ce contexte nouveau, l'Europe joue son avenir. Entre toutes les nations européennes c'est la France qui a le plus à perdre d'un élargissement incontrôlé. Elle doit manifester sa volonté propre : par quels moyens ? Seule l'instauration d'un rapport de force bien mesuré pourrait nous rendre à nouveau audibles. Il devrait reposer sur une posture dans laquelle la négociation et la menace sont

1. Discours du chef de l'État, Emmanuel Macron, les 28 septembre 2017 et 25 avril 2024.

bien dosées. La France peut ainsi légitimement demander que soient renégociées les règles du déficit budgétaire dont l'absurdité a été maintes fois soulignée, afin d'exclure du traité sur la stabilité, la coordination et la gouvernance (TSCG) les investissements porteurs d'avenir – nucléaire, recherche, défense, développement des technologies, éducation. La France pourrait également ouvrir un front en vue de l'harmonisation fiscale, incohérence majeure aujourd'hui au sein de l'UE, réforme dont elle pourrait faire un préalable à toute application de certaines normes européennes. La politique de la chaise vide peut de son côté avoir son utilité tant que des accords sur des sujets précis telle la remise en cause du marché européen de l'électricité ne sont pas conclus. On voit bien naturellement les difficultés d'une telle démarche face à l'opposition du front austéritaire et l'emprise fédéraliste sur les esprits. Mais… *hic saltus*, la solidarité européenne est arrivée à ses limites et le moment est venu pour la France de parler plus fort.

Pour ce qui est de remettre les institutions européennes à leur juste place, la France pourrait simultanément s'engager dans une révision de notre texte fondamental afin de s'assurer, au vu des dérives actuelles de la Commission et de la Cour de justice de l'Union européenne (CJUE), que la supériorité de la Constitution aux traités, principe universel, n'est pas aujourd'hui bafouée par ces deux institutions. Ce faisant elle ne ferait d'ailleurs pas davantage que l'Allemagne qui a inscrit dans la loi fondamentale des principes dont le Tribunal de Karlsruhe[1] contrôle que les institutions européennes n'y contreviennent pas. Habilement

1. Le Tribunal constitutionnel fédéral d'Allemagne, situé en Bade-Wurtemberg.

maniée en parallèle de négociations autour de la révision des traités, cette menace pourrait équilibrer le balancier de notre diplomatie. Pour autant la révision devrait aller jusqu'au bout en ce qui concerne la restauration de l'autorité de la loi nationale face aux excès des institutions européennes[1]. Enfin un référendum devrait être prévu en ce qui concerne tout changement futur dans les traités, notamment sur les sujets de l'élargissement ou du vote à la majorité qualifiée. Cela mettrait à l'abri notre double singularité de puissance nucléaire et de membre du Conseil de sécurité de l'ONU. Tous ces instruments, dont la légitimité ne fait aucun doute, sont à la main des autorités nationales. Et le temps est venu.

*

Interroger *le destin européen de la France* ne doit pas être un interdit, à la condition de ne pas confondre attachement à la souveraineté et passion nationaliste. Le discours que, légitimement, la France, vieille nation, tient à l'Europe gagnerait donc à retrouver un souffle historique à l'heure où une crise géopolitique aujourd'hui, une guerre peut-être demain, menace les nations de notre continent. Ses peuples, qui ont tant souffert dans l'histoire, méritent mieux que l'alternative d'une intégration sans projet ou d'une régression sans âme. Faire revivre le sentiment national en Europe comme projet non comme ressentiment : la France pourrait en fournir l'exemple, loin des rancœurs rancies qui empruntent fallacieusement les couleurs de la République. Nous n'avons d'ailleurs pas le choix : car ce

1. Plusieurs options existent à cet égard et ont été étudiées par la Fondation Res Publica.

qui est en jeu aujourd'hui pour notre pays est le délitement du lien républicain par lequel tient la France, celui qui lui donne cohésion et fierté de soi. Dans notre pays, et maints auteurs l'ont souligné, d'Ernest Renan à Ernst Robert Curtius, de Heinrich Heine à Jean Jaurès, de Claude Nicolet à Régis Debray, le lien entre la République et la Nation est fondateur de l'identité française. Ôtez à la République ses institutions, vous corrodez le lien national. C'est pourquoi les éléments fondamentaux de la souveraineté, externe et interne, doivent impérativement être préservés, bases et non déni d'un avenir en commun.

Interroger la relation franco-allemande

Jean-Michel Quatrepoint

Jean-Michel Quatrepoint, décédé peu avant la rédaction de cet ouvrage, n'a cessé d'enrichir les travaux de la Fondation Res Publica de sa vision éclairée et incisive, tout particulièrement sur les questions industrielles et européennes. Nous publions ici son intervention lors du colloque « France-Allemagne : convergences et divergences des intérêts fondamentaux de long terme », tenu le 15 février 2022, à la Maison de la Chimie, à Paris. Ce texte n'a rien perdu de son actualité. On peut néanmoins penser que Jean-Michel aurait eu à cœur d'y ajouter, dans le prolongement d'un article publié par Marianne *en janvier 2024*[1]*, ses analyses sur « l'essoufflement du modèle mercantiliste allemand » ; « le ras-le-bol social » engendré par le tour de vis budgétaire, la pénurie de main-d'œuvre qualifiée et le délabrement des infrastructures ; ainsi que le « début de crise politique », entre affaiblissement de la coalition « tricolore » et la montée de l'AfD. « Les difficultés de l'Allemagne risquent de rendre l'Allemagne plus dure encore dans les négociations à Bruxelles », écrivait-il par*

1. Jean-Michel Quatrepoint, « Crise : extrême droite, paysans, grève, désindustrialisation… l'Allemagne, une France comme une autre ? », *Marianne*, 17 janvier 2024.

ailleurs une semaine avant sa disparition dans Le Figaro[1]. *Jean-Michel Quatrepoint appelait notre classe dirigeante au volontarisme et au sursaut : « Sur les règles budgétaires, les Allemands veulent imposer à nouveau les règles du pacte de stabilité et de croissance, ce qui nous affaiblit. Après les élections européennes, il y aura la bataille sur l'évolution des traités européens, notamment sur l'abandon du vote à l'unanimité pour les questions de politique étrangère et de défense ce qui serait dramatique pour la France. Idem pour l'élargissement de l'Europe. Les Allemands poussent à un nouvel élargissement à 35 pays [...]. Pour les Allemands, cela représente des sources de main-d'œuvre bon marché et des marchés, et surtout des alliés potentiels au sein de l'UE. Pour la France, c'est exactement l'inverse. Plus on élargira, plus nous serons dilués. »*

Je ferai un peu d'histoire sur ce « ménage à deux » qui, en fait, n'est pas un ménage.

C'était il y a plus de trente ans, au lendemain de la réunification de l'Allemagne. Mis devant le fait accompli, François Mitterrand et Margaret Thatcher échangent sur l'avenir de l'Europe. Le président français fait part de ses inquiétudes, notamment celle d'une dérive de l'Allemagne vers l'est et il explique à son homologue britannique qu'il faut arrimer l'Allemagne à l'Europe et que le meilleur moyen pour ce faire est peut-être de la lier à travers l'Union monétaire. Margaret Thatcher lui rétorque que cela n'aura pas pour effet d'arrimer l'Allemagne à l'Europe, mais plutôt d'inféoder l'Europe à l'Allemagne. Elle avait vu juste. En trente

1. Jean-Michel Quatrepoint, « L'Allemagne rejoindra-t-elle la France dans sa chute ? », entretien avec Martin Bernier au *Figaro*, 19 janvier 2024.

ans, l'Allemagne est bien devenue l'hégémon de l'Europe, un hégémon économique qui a méthodiquement construit sa domination à partir d'une stratégie économique et industrielle particulièrement habile. La puissance de l'Allemagne est celle d'un pays mercantiliste, comme la Chine ou le Japon. Elle va bâtir son succès dans le temps et en profitant des erreurs de son principal partenaire, la France.

Comment l'Allemagne a-t-elle construit sa puissance ? Il faut distinguer trois étapes. La décennie 1990. L'Allemagne doit payer sa réunification. Et réorganiser son appareil industriel déstabilisé par le choix d'Helmut Kohl du « *Ein für Ein* » (« un pour un »), d'échanger un ost mark pour un deutsche mark. D'un coup, les usines de la RDA qui constituaient un *hinterland* bon marché pour les groupes allemands deviennent obsolètes. Je vous rappelle que selon le traité de Rome les marchandises circulaient librement entre l'Est et l'Ouest en dépit du rideau de fer et les groupes allemands avaient conservé leurs usines en Allemagne de l'Est, les utilisant pour produire dix fois moins cher et rapatrier les sous-ensembles, notamment dans l'industrie électrique, vers l'Allemagne de l'Ouest. Pour ces groupes il faut donc trouver un nouvel *hinterland*. Ce sera l'enjeu de l'élargissement à l'Est. Plus que jamais l'Allemagne mise sur son industrie, notamment automobile. Les chaînes de valeur sont réorganisées. Avec une division du travail : à l'Est les sous-ensembles produits à bas coûts et exportés en Allemagne où se réalisent la valeur ajoutée et les exportations finales. Cette stratégie est particulièrement spectaculaire dans l'automobile. Elle est différente de celle des groupes français qui eux ont délocalisé l'ensemble de la fabrication. *Das Auto* représente aujourd'hui en Allemagne 5 % du PIB, 12 % des emplois manufacturés et 15 % des exportations totales du pays. Les trois quarts des véhicules produits en Allemagne sont exportés.

Dans cette décennie 1990, la France va commettre des erreurs stratégiques majeures. La première est celle de la monnaie unique. Ou plutôt de ne pas avoir tiré tous les enseignements de celle-ci. L'erreur historique aura été d'avoir donné un avantage compétitif à l'Allemagne lors de la création de l'euro, en acceptant des parités où le mark était sous-évalué de 15 %. Oskar Lafontaine, ancien patron du SPD, et désormais l'un des dirigeants de Die Linke, reconnaissait dans un récent entretien à *Marianne* que « l'euro était un système qui favorisait avant tout l'Allemagne, la puissance économique allemande, dont les produits seraient beaucoup plus chers sans l'euro ».

Autre erreur historique : celle d'avoir instauré les 35 heures, au moment où l'Allemagne, elle, menait une politique de rigueur avec une série de mesures amorcées sous Gerhard Schröder. Là aussi, il y a des anecdotes qui parlent : en 1997, ce dernier à la veille de prendre le pouvoir, était venu à Paris où il avait rencontré Dominique Strauss-Kahn alors ministre de l'Économie, l'un des membres éminents de la fameuse « *dream team* » du gouvernement Jospin. À la sortie de l'entretien, Gerhard Schröder racontait aux journalistes que DSK lui avait annoncé que les Français allaient adopter les 35 heures à salaire constant. « Une excellente nouvelle pour l'industrie allemande ! », ajoutait celui qui allait devenir chancelier et qui sera le père du second miracle économique allemand avec son agenda 2010 et ses lois Hartz.

Troisième erreur historique : celle de la France qui opte pour un modèle anglo-saxon où la désindustrialisation était la norme. On mise sur les services, la finance, le luxe, le tourisme et quelques grands groupes. En jouant sciemment les délocalisations et une économie « sans usines », selon la célèbre formule de Serge Tchuruk, de fait, on laisse à l'Allemagne la spécialisation dans l'industrie. Au nom d'une division du travail à l'intérieur de l'Europe. Mais ce choix d'un modèle anglo-saxon avait un vice à la base : les États-Unis, comme le Royaume-Uni, maîtrisent leur monnaie. Alors qu'avec la monnaie unique la France ne maîtrise plus la sienne. On ne peut plus jouer sur sa baisse pour rétablir les balances commerciales. En outre, les États-Unis sont les maîtres du jeu monétaire avec le dollar, et le Royaume-Uni a encore une monnaie internationale avec la livre sterling adossée à la puissance de la City. La France, quant à elle, a perdu sa souveraineté monétaire ce qui va entraîner la perte de sa souveraineté industrielle.

Ces erreurs stratégiques de la France commencent à apparaître dans la décennie 2000. L'Allemagne poursuit son chemin. Elle n'est plus l'homme malade de l'Europe et rattrape peu à peu la France, en termes de croissance et surtout de commerce extérieur. Dans la décennie 2009-2019 l'écart se creuse. La croissance française est à la traîne. Pour une raison simple : les gains de productivité de l'industrie sont intrinsèquement supérieurs à ceux des autres branches de l'économie. La réduction de la part de l'industrie en France a donc un effet mécanique de ralentisseur sur la productivité de l'ensemble de l'économie, donc sur la croissance. Plus on a désindustrialisé, moins on a eu de croissance.

Tout cela se traduit dans les chiffres du commerce extérieur. Ces chiffres sont les véritables juges de paix de l'état d'un pays. Et ces chiffres montrent que l'Allemagne est bel et bien la grande gagnante de l'euro. En vingt ans, elle a engrangé 3 700 milliards d'euros d'excédents commerciaux.

En vingt ans, la balance commerciale de la France a cumulé 1 100 milliards de déficit. Déficit imputable, pour une part non négligeable, au commerce franco-allemand.

Relevons à ce sujet un des grands mystères de la statistique : celui du commerce franco-allemand. Pour les Douanes françaises, en 2020, le déficit bilatéral était de 10,7 milliards alors que pour l'organisme allemand *Destatis*[1] l'excédent bilatéral était de 34,3 milliards. Chaque année, l'écart des données est ainsi de plus de 20 milliards ! Selon les Douanes françaises, sur vingt ans, le déficit cumulé avec l'Allemagne ne serait que de 284 milliards. Pour les Allemands, toujours selon *Destatis*, leurs excédents sur la France sont de 618 milliards. Une sacrée différence pour laquelle nous n'avons pas pu obtenir d'explications. En attendant, les organismes internationaux, eux, prennent en compte les chiffres de l'office allemand des statistiques et pas ceux des Douanes françaises. Ce déficit bilatéral, ce grand écart entre les balances commerciales des deux pays est aussi le fruit d'une stratégie méthodique, de la part des groupes allemands, stratégie de grignotage, et parfois de sabotage, des positions industrielles de la France dans des domaines où les Allemands n'avaient pas jusque-là une forte présence. En fait, l'Allemagne a utilisé la construction européenne comme un moyen de retrouver sa souveraineté et de regagner en respectabilité. Retrouver sa souveraineté dans des domaines qu'elle avait dû abandonner au lendemain de la guerre. Et là je pense, bien sûr, à l'aéronautique, à l'espace et aux industries de Défense. L'Allemagne s'est mise dans le sillage de la France pour Airbus et Arianespace. Puis elle a lentement grignoté les

1. Statistisches Bundesamt, office allemand de la statistique.

positions françaises. C'est spectaculaire pour Airbus. Au fil des ans, le poids de l'Allemagne s'est fortement accru dans le consortium. Hambourg s'est taillé la part du lion pour la production des A320, la gamme vedette du constructeur (quatre lignes d'assemblage à Hambourg contre une, bientôt deux, pour Toulouse). Le même processus est à l'œuvre avec Ariane, où les Allemands exigent d'avoir des charges de travail correspondant à leur financement. C'est ainsi que le moteur Vinci, qui occupe le dernier étage d'Ariane 6, sera transféré de Vernon en Allemagne.

Il en est de même pour les industries de Défense où la coopération franco-allemande ressemble fort à un chemin de croix pour la partie française. En fait, les Allemands cherchent à récupérer le savoir-faire des Français là où ils n'en ont pas. C'est le cas pour l'avion de combat du futur, où l'objectif est bel et bien de phagocyter Dassault. Pour le char de combat, la cause est entendue, il sera allemand, la partie française étant réduite à la portion congrue. Lorsqu'il n'y a pas d'industriel allemand compétent, Berlin préfère acheter américain que français. Comme on a pu le voir avec le récent contrat avec Boeing pour des avions patrouilleurs maritimes.

Autre exemple de ce grignotage : l'agroalimentaire. Avec le cas particulier de la filière porcine. Avec des mégafermes en ex-RDA, un personnel détaché aux salaires réduits venu de l'Europe de l'Est, et des exportations très compétitives. Globalement, si la France vend davantage de denrées agricoles brutes à l'Allemagne, sur les produits transformés le tableau s'inverse. Nous exportons vers l'Allemagne des matières premières brutes qui nous reviennent sous la forme de produits transformés. C'est typiquement le cas d'un pays en voie de développement.

Il arrive que nos amis allemands ne parviennent pas à leurs fins dans cette stratégie du grignotage. Ce fut le cas pour Alstom. En 2004, Siemens avait tout fait, notamment dans les instances bruxelloises, pour bloquer le sauvetage d'Alstom. Plus récemment, ils ont cherché à mettre la main sur ce qui en restait, c'est-à-dire les activités ferroviaires. Sans succès, là aussi. Tout comme Siemens avait tenté de mettre la main sur Areva et la filière nucléaire française au début des années 2000. Eh oui, on l'a oublié. Le groupe munichois est à l'origine – avec Framatome – des EPR. La France avait accepté en 1999 que Siemens prenne une participation de 34 % dans Framatome ANP pour développer les EPR. C'est une longue histoire évoquée lors du colloque de la Fondation Res Publica : « Écologie et Progrès » qui s'est tenu le 24 novembre 2021, à la Maison de la Chimie, à Paris, où nous avions évoqué ce sujet. En fait, ayant échoué dans son offensive pour prendre le contrôle d'Areva, Siemens avait rompu, en 2008, avec les Français. L'Allemagne n'ayant plus, de fait, d'industriels directement intéressés à la filière nucléaire, elle pouvait dès lors devenir le champion de l'opposition à l'atome. Ce que fera Angela Merkel en profitant de l'accident de Fukushima pour annoncer la sortie de l'Allemagne du nucléaire en 2022. C'est ce que j'appelle la stratégie du sabotage quand le grignotage n'est pas possible. Et le nucléaire est bien aujourd'hui un des sujets majeurs d'affrontement entre la France et l'Allemagne. Car derrière il y a les enjeux industriels des filières photovoltaïques et éoliennes et aussi le coût de l'électricité. L'Allemagne n'a jamais pu supporter que l'économie française ait un avantage compétitif avec une électricité moins chère grâce au nucléaire.

Le « *Green deal* » et l'influence que l'Allemagne exerce au sein des instances bruxelloises où elle a su notamment truster les postes clés, y compris au Parlement européen, sont des leviers pour favoriser l'industrie allemande. Ainsi, elle a fait du véhicule électrique son objectif numéro un. Volkswagen, qui est à la pointe de cette stratégie, veut d'abord faire oublier le Dieselgate. Le groupe se veut désormais plus vert que vert. *Das Auto*, si puissante en Allemagne, milite donc maintenant pour prohiber le véhicule à essence et hybride dès 2030 et non 2035. Ce qui va nuire principalement à Stellantis et Renault, ses derniers concurrents européens. Et, au passage, l'Allemagne récupère le maximum de sites de batteries avec l'aide des fonds européens.

Pour conclure je dirai, reprenant les termes de notre regrettée Coralie Delaume, que le « couple franco-allemand n'existe pas ». Si tant est qu'il n'ait jamais existé. Cette idée était d'ailleurs une idée purement française héritée de la période gaulliste. Ce n'était pas à vrai dire un couple mais un attelage. Il y avait le cheval allemand et le jockey français. En s'appuyant sur l'économie allemande et sa propre force militaire et diplomatique, la France espérait pouvoir continuer à diriger l'Europe. Las, non seulement nous ne la dirigeons pas mais nous ne la codirigeons même pas. Les Allemands d'ailleurs ne parlent jamais de couple, mais d'un « partenariat ». Je crois qu'il est temps de revoir nos relations avec Berlin et d'en finir avec ce complexe que nous cultivons avec notre puissant voisin, mélange de complexe de supériorité et de complexe d'infériorité. Aujourd'hui notre pays est affaibli mais il a encore quelques atouts. Reste à les utiliser à bon escient. Et à ne pas tomber dans le piège que nous tend la nouvelle coalition au pouvoir à Berlin : l'évolution de l'Union européenne vers un État fédéral. C'est clairement inscrit dans le programme de la nouvelle coalition selon laquelle les décisions devront être prises à la majorité qualifiée, y compris sur les sujets de politique extérieure. En outre, davantage de pouvoirs seraient transférés au Parlement européen. Derrière ce projet fédéral, c'est en filigrane le modèle du Saint Empire romain germanique que l'on voit se profiler. Les princes y disposaient d'une relative autonomie par rapport à l'empereur, à l'image de celle dont bénéficient les *Länder* vis-à-vis de l'État fédéral. C'est ce modèle qui a déjà poussé Berlin à prôner toujours plus d'élargissements. Avec pour corollaire, que les petits États pèsent autant que les grands. Il faut comprendre que l'Estonie pèse autant que la France. L'Allemagne est un cas à part car, dans cette vision, elle est au sommet : elle arbitre, règle les conflits entre les États membres et dit le droit. Dans ce modèle fédéral, la France n'a plus de justification pour conserver une défense et une politique étrangère indépendantes. Elle devra se plier à la majorité des États membres. En fait, à l'Allemagne qui disposera toujours d'un nombre suffisant de pays alliés. Très vite, la question du siège de la France au Conseil de sécurité de l'ONU sera posée.

La France se trouve aujourd'hui à la croisée des chemins. Pouvons-nous encore imposer une vision de l'Europe qui soit celle d'une confédération d'États-nations, où les États conservent une souveraineté sur leur politique extérieure, leur mix énergétique, leur politique migratoire, voire maintiennent, dans certains domaines, la primauté du droit national sur le droit communautaire ? La bataille se joue aussi sur le plan culturel. Le modèle sociétal français, à base de laïcité, peut-il résister aux visions communautaristes prônées par d'autres pays et par les instances bruxelloises ? Force est de constater que les rapports de force se sont dégradés ces dernières années, à notre détriment. Faut-il, pour autant, accepter silencieusement de se couler dans le moule d'une Europe allemande ? Pouvons-nous divorcer d'avec Berlin sans divorcer de l'Europe ?

L'Europe face aux enjeux monétaires et financiers

Jean-Michel Naulot

En mai 2019, le colloque organisé par la Fondation Res Publica avait pour thème « L'euro vingt ans après, bilan et perspectives ». Ce fut une belle illustration de ce que la Fondation cherche à faire. Tous les courants de pensée sur l'euro étaient représentés, un thème qui donne souvent lieu à des combats homériques. Or, ce colloque fut convivial, respectueux, passionnant ! Des points d'accord furent trouvés. Les crises financières de 2008 et 2010 ont été d'une telle violence et leurs conséquences si graves pour nos concitoyens qu'il importe d'aborder les sujets monétaires et financiers avec humilité et toujours à l'écoute des thèses adverses.

Retour sur les crises systémiques de 2008 et 2010 : un effort pour encadrer la finance mais un recours excessif à la création monétaire

La crise de 2008 a suivi le même chemin que la crise de 1929 : des hausses de taux tardives, un endettement privé très important, une insuffisance de régulation. Les exemples d'aveuglement furent nombreux dans les années précédant cette crise, tant aux États-Unis qu'en

Europe, avec notamment l'illusion qu'une grande vague néolibérale doperait la croissance. Le résultat, ce fut l'effondrement du système financier. Et ce n'est pas un hasard si la crise de l'euro a éclaté deux ans plus tard : avec le renflouement des banques par les États, l'envol de la dette publique a mis le feu à la zone euro. Les investisseurs ont pris brutalement conscience du fait que, contrairement à ce qui avait été affirmé tout au long des années 2000 au nom de l'intégration financière en zone euro, une dette grecque n'est pas l'équivalent d'une dette allemande.

En 2008-2009, les G20 de Washington, Londres et Pittsburgh ont été exemplaires avec une feuille de route volontariste pour encadrer la finance. De très nombreux textes de règlement ont été rédigés pour encadrer les marchés financiers tant en Europe qu'aux États-Unis. La solidité des grandes banques a également été renforcée avec une forte augmentation des exigences de fonds propres. En parallèle, une politique monétaire inédite a été mise en place, aux États-Unis dès la faillite de Lehman Brothers et en Europe lorsque a éclaté la crise de l'euro. Cela était indispensable pour redonner confiance aux investisseurs et aux acteurs économiques. Mais, inonder de monnaie les marchés financiers pendant une quinzaine d'années, comme jamais dans le passé[1], en Europe davantage encore qu'aux États-Unis, c'était prendre un risque majeur pour la stabilité financière future. Dès 2016, Jacques de Larosière, ancien gouverneur de la Banque de France, mettait en garde sur les risques d'une telle politique : « Ces institutions [les

1. Pendant la période 1950-2008, le bilan des grandes banques centrales est resté parfaitement stable, aux alentours de 4 à 6 % du PIB. En 2022, les bilans ont atteint 40 % pour la Fed et 70 % pour la BCE.

banques centrales] ne sont-elles pas tombées dans une autre forme de dépendance, cette fois, aux marchés financiers ? », ajoutant « Les capitaux font la loi[1] ».

Ces flots de liquidités se retrouvent désormais sur les marchés. Les encours des *hedge funds* ont doublé de 2008 à 2024, de 2 000 milliards à 4 000 milliards de dollars, avec un impact sur les marchés considérable et souvent mal connu[2]. Les encours des fonds indiciels[3] sont passés de 700 milliards à 10 000 milliards de dollars. La part de la finance de l'ombre, peu ou pas réglementée, est passée de 42 % du total mondial à près de 50 %. Les marchés de matières premières ont été livrés à la spéculation. Les indices boursiers se sont envolés. Et pour finir, l'inflation est arrivée sur les marchés des biens et services. Parallèlement, les taux d'intérêt proches de zéro ont incité les ménages, les entreprises, et les États à s'endetter massivement. En d'autres termes, les banques centrales ont pris le risque d'une nouvelle crise financière.

L'euro survit grâce à quatre « respirateurs artificiels »

La crise de la zone euro a semblé prendre fin le 26 juillet 2012 lorsque Mario Draghi a annoncé que la BCE ferait « tout ce qui est nécessaire » pour la sauver. En réalité,

1. Jacques de Larosière, « Aujourd'hui, les mouvements de capitaux font la loi », *Le Monde*, 14 mai 2016.

2. Ces fonds, tous situés dans les paradis fiscaux, utilisent l'effet de levier, c'est-à-dire la dette et les produits dérivés, pour démultiplier leurs performances… ou leurs pertes.

3. Ces fonds, dénommés ETF, reproduisent les performances d'un segment de marché en utilisant parfois l'effet de levier.

cette déclaration marquait le début d'interventions massives de la Banque centrale sur les marchés de dettes souveraines, une pratique officiellement interdite par les traités mais rendue possible grâce à la bienveillance de la Cour de justice européenne. Celle-ci, qui considérait initialement que les achats de titres souverains devaient se concentrer sur des durées courtes, a retenu ultérieurement un critère beaucoup plus vague : ne pas détourner les États de l'obligation de conduire « une politique budgétaire saine ». Les achats de dettes souveraines sont ainsi devenus un véritable respirateur artificiel pour la zone euro, un outil précieux utilisé de manière permanente.

Un deuxième respirateur artificiel a parallèlement été mis en place dans la plus grande discrétion : l'acceptation de soldes débiteurs considérables de certaines banques centrales dans le système de paiement européen (*Target2*). Alors que ce système avait fonctionné de manière équilibrée jusqu'en 2008, les déficits de plusieurs banques centrales se chiffrent désormais par centaines de milliards d'euros.

Il existe un troisième respirateur artificiel au sein de la zone euro : la dévaluation interne imposée à un État avec, en parallèle, le soutien du pare-feu européen[1]. Ce fut le cas de la Grèce en 2015. Avant l'avènement de l'euro, un État qui avait géré ses finances publiques de manière déraisonnable pouvait recourir à la dévaluation monétaire mais il n'échappait pas à la rigueur s'il voulait que sa dévaluation réussisse. Désormais, l'effort porte exclusivement sur la rigueur, au risque de priver ce pays de ses forces vives.

1. Le MES (mécanisme européen de stabilité) est susceptible de lever jusqu'à 700 milliards d'euros pour aider les États en difficulté dans le cadre de plans de redressement imposés.

Selon la Banque centrale de Grèce, plus de 400 000 jeunes ont quitté le pays entre 2008 et 2016.

Enfin, les investisseurs connaissent bien le quatrième de ces procédés : la restructuration de la dette. En cas de crise majeure, cet instrument peut être activé. Depuis janvier 2013, à la demande d'Angela Merkel, les contrats de dettes souveraines des pays de la zone euro incluent des clauses d'action collective. En cas de difficulté majeure d'un État, les investisseurs seront réunis en assemblée générale pour décider d'un moratoire ou d'un abandon d'une partie de leurs créances.

Grâce à une politique monétaire ultra-accommodante et à ces respirateurs artificiels, la crise de la zone euro n'est plus une crise ouverte. C'est une crise souterraine.

Que faire ?

La France doit investir

Depuis une quinzaine d'années, l'affaiblissement financier de la France est impressionnant. Alors que la dette publique française et l'allemande étaient au même niveau en 2007, 64 % du PIB, les trajectoires ont divergé à partir de 2011 : 80 % en Allemagne, 88 % en France. En 2024, les écarts sont devenus spectaculaires : 64 % en Allemagne, 110 % en France. Ces chiffres sont accablants, mais qui y porte vraiment attention ? Avant la mise en place de l'euro, les crises monétaires constituaient un signal d'alarme. Les Français acceptaient un plan de rigueur car des voyants d'alerte s'étaient allumés. Avec la monnaie unique, ces voyants ont disparu. Elle est devenue un édredon sur lequel chacun sommeille comme si la trajectoire de la dette était sans importance. Cela n'est pas le moindre des inconvénients de l'euro.

L'évolution préoccupante de la dette ne doit cependant pas nous conduire à baisser les bras. La France n'a pas le choix : elle doit investir dans la transition énergétique, le numérique, la défense et la recherche[1]. Cette politique est la seule susceptible de préserver l'avenir et d'obtenir un taux de croissance suffisant pour réduire les déficits. La maîtrise des dépenses publiques est quant à elle indispensable mais elle se conduit avec ténacité au fil du temps, pas de manière brutale. L'investissement doit également permettre d'améliorer la compétitivité de nos entreprises. Le solde de notre commerce extérieur, équilibré en 2002, n'a cessé de se dégrader. En 2023, il est débiteur de 100 milliards quand l'excédent allemand atteignait 210 milliards. En dix ans, hors énergie et matériel militaire, le déficit est passé de 13 milliards à 54 milliards, des chiffres qui reflètent la désindustrialisation. Il ne fait pas de doute que l'euro ait une part de responsabilité dans cette évolution. Le FMI considère ainsi que l'euro est surévalué de 15 % pour la France par rapport à l'Allemagne[2]. De plus, les capitaux circulent peu entre les États de la zone euro et quand ils circulent, ils vont du Sud vers le Nord. Quant à la solidarité financière en zone euro, elle est absente. En 2017, le FMI faisait la constatation suivante : « Les pays appartenant à la zone euro ont connu une convergence régulière de leurs PIB par habitant dans les décades précédant l'introduction de l'euro, mais elle s'est arrêtée ensuite. » Le récent rapport sur l'Union des marchés de

1. Les dépenses de recherche représentent 2,2 % du PIB en France au lieu de 3,2 % en Allemagne et 3,5 % aux États-Unis.

2. FMI, *External Sector Report*, 19 juillet 2023.

capitaux[1] constate également que « la zone euro décroche » par rapport aux États-Unis.

L'euro ne sera jamais un long fleuve tranquille puisqu'il a été décidé de faire les choses à l'envers : la monnaie avant la convergence et la solidarité. Le rapport Delors, inspiré de l'ordolibéralisme allemand, considérait que l'euro ne pouvait être un succès que si de grandes réformes étaient mises en place : flexibilité des salaires, mobilité de la main-d'œuvre, transferts financiers entre États, harmonisation fiscale… Nous en sommes loin ! Ces réformes étaient-elles possibles ? Étaient-elles même souhaitables si l'on reste attaché au modèle français ? Avec prudence, les gouverneurs des banques centrales avaient précisé dans le rapport Delors qu'il ne fallait surtout pas fixer de date butoir pour le passage à la monnaie unique. Cette recommandation n'a pas été respectée. Nous en subissons aujourd'hui les conséquences.

Entre une politique d'investissement qui est indispensable pour soutenir la croissance et une maîtrise de la dette qui est non moins indispensable pour maintenir la confiance des investisseurs, un chemin de crête existe. Il doit être parcouru avec détermination. Autrement, la France pourrait faire face à une crise grave, voire à un risque de sortie de l'euro[2]. Lors de la crise grecque, Valéry Giscard d'Estaing, chaud partisan de la monnaie unique, avait lui-même considéré qu'une « *friendly exit* » pouvait être nécessaire.

1. Rapport du groupe d'experts présidé par Christian Noyer, avril 2024.
2. Voir Jean-Michel Naulot, *Éviter l'effondrement*, Paris, Le Seuil, 2017, p. 151-224.

Alléger la tutelle de la Commission européenne

La suspension des règles du Pacte de stabilité et de croissance pendant la pandémie de Covid aurait pu laisser place à un assouplissement des critères budgétaires européens compte tenu des divergences spectaculaires de dettes et de déficits entre les États de la zone euro. Il n'en a rien été. Certes, un État peut désormais faire valoir que son déficit s'explique par une politique d'investissement ambitieuse, mais le corset réglementaire reste bien en place : critères de déficit à 3 % du PIB et de dette à 60 %, « règle d'or » avec un « déficit structurel » ne devant pas dépasser 0,5 % du PIB après frais financiers, procédure pour déficit excessif avec sanctions financières. De plus, pour un pays comme la France qui a une dette supérieure à 90 % du PIB, il est désormais prévu que le ratio de déficit structurel baisse d'un point de pourcentage chaque année…

Le dialogue avec la Commission, déjà permanent sur tous les sujets, va s'alourdir un peu plus. L'intrusion des fonctionnaires de Bruxelles dans la politique économique et sociale de chaque État risque d'aller de plus belle ce qui n'est pas sans conséquences politiques. Comment nos concitoyens n'auraient-ils pas en effet l'impression que les décisions qui les concernent sont prises ailleurs qu'à Paris ? Cela ne peut qu'affaiblir un peu plus la crédibilité de nos dirigeants.

Les gouvernements doivent réagir face à cette emprise de la technocratie sur les États, emprise qui n'est pas garante de l'efficacité[1] et qui contribue au rejet du projet européen.

1. Au lieu de valider rapidement les plans de relance financés par l'emprunt européen, la Commission a pris son temps. De ce fait, elle

Ils doivent rappeler avec force que les principes de subsidiarité et de proportionnalité sont au cœur des Traités et que les compétences de la Commission ne sont que des compétences d'attribution.

Ajouter l'objectif de stabilité financière à celui de stabilité des prix

Face à l'inflation qui est un prélèvement insupportable sur le pouvoir d'achat des catégories modestes, les banques centrales ont amorcé une diminution de leurs achats de titres souverains sur les marchés financiers pour réduire la création monétaire. Ce mouvement doit être poursuivi. Une forte hausse des taux était également indispensable. Pour éviter l'erreur qui consiste à pratiquer une politique monétaire ultra-accommodante pendant une très longue période, le traité européen pourrait être réformé (Art. 127 du TFUE). Un objectif de « stabilité financière » pourrait être ajouté à l'objectif de « stabilité des prix », la stabilité financière se comprenant comme la nécessité de conserver un lien entre création monétaire et évolution de l'économie réelle, cela afin d'éviter les bulles financières.

Comme le dit Jacques de Larosière, la définition que la BCE donne de la stabilité des prix n'est pas satisfaisante. En 2003, la Banque centrale a arrêté une première définition : le taux d'inflation doit être « proche de, mais inférieur à 2 % par an », ce qui va dans le sens d'une politique monétaire accommodante si l'inflation est inexistante, par exemple en raison de la pression exercée par la mondialisation. En 2021, la BCE a ajouté qu'une « cible

---

emprunte à plus de 3 % alors que les taux étaient proches de zéro en 2021-2022.

d'inflation de 2 % à moyen terme » lui permettrait « de mieux atteindre son objectif de stabilité des prix », ce qui va dans le sens d'une politique monétaire encore plus accommodante !

Chercher à atteindre un objectif de 2 % d'inflation en toutes circonstances n'a aucun sens. Avec un tel objectif, la politique monétaire peut devenir une course effrénée vers plus de création monétaire. En revanche, si l'on ajoute l'objectif de stabilité financière, la dérive de la politique monétaire devient impossible.

La BCE s'est servie de l'objectif des 2 % d'inflation pour justifier son intervention massive sur les marchés de dettes souveraines afin de sauver l'euro. Comme l'inflation a fini par arriver, la BCE évoque désormais deux autres prétextes pour pouvoir acheter dans l'avenir des titres souverains : la nécessité d'assurer « la transmission harmonieuse de la politique monétaire » et « la liquidité à long terme du marché[1] ». Il n'existe aucune limite à l'imagination de la Banque centrale pour grignoter petit à petit l'espace qui lui était refusé par le traité de Maastricht !

Poursuivre le renforcement des fonds propres des banques européennes

Une avancée considérable a été réalisée dans les années qui ont suivi la crise de 2008 avec le triplement des fonds propres des banques. Mais il était également indispensable de revenir sur la possibilité laissée aux banques de calculer elles-mêmes leurs ratios réglementaires à partir de « modèles internes[2] ». Le Comité de Bâle s'est heurté jusqu'en 2023 à l'opposition des banques européennes

1. Avec la constitution « d'un portefeuille structurel » de titres.
2. Réforme du Comité de Bâle du 26 juin 2004.

qui considéraient que leur effort avait été suffisant. Ces banques ont désormais jusqu'à 2030 pour rapprocher leurs ratios de fonds propres des ratios standard. Un plancher minimum de fonds propres est fixé par rapport au calcul standard[1] et il est absolument indispensable qu'il soit respecté.

La faillite des banques régionales américaines au printemps 2023 a montré tous les dangers d'un allègement des contraintes réglementaires[2]. Sans l'intervention immédiate de la puissance publique pour garantir les dépôts, l'incendie se serait propagé. Des ratios plus exigeants et plus fiables sont dans l'intérêt des banques et des marchés financiers européens. C'est un facteur d'attractivité pour les capitaux. Un encadrement plus strict de la « finance de l'ombre » est également indispensable du fait des liens étroits existant entre cette finance peu ou pas réglementée et les banques.

Augmenter la garantie des dépôts

L'Union bancaire créée en 2014 comprend trois volets : la supervision unique, la procédure à suivre en cas de difficultés d'une banque (« résolution bancaire »), la garantie des dépôts. La supervision directe des banques par la BCE était indispensable et fonctionne bien. La résolution bancaire est utile, car on doit tout faire pour éviter que les contribuables ne financent à nouveau le sauvetage des banques. Mais, dans le cas d'un établissement de taille importante, il ne faut se faire aucune illusion : les

1. Ce plancher de fonds propres est de 50 % du calcul standard en 2025 et de 72,5 % en 2030.
2. Réformes mises en place par l'administration Trump (sauf pour les douze banques les plus importantes).

pouvoirs publics piloteront immédiatement le dossier. En 2023, lors de la crise des banques régionales américaines, les plus hautes autorités sont intervenues non pas dès les premiers jours mais dès les premières heures des rumeurs de faillite.

En ce qui concerne la garantie des dépôts, le refus par les Allemands d'une mutualisation est compréhensible compte tenu de la diversité des systèmes d'un pays à l'autre et de l'importance d'un tel engagement. En revanche, la France doit réformer son système en portant la garantie de 100 000 à 250 000 euros. Cette augmentation serait dans l'intérêt des déposants et, en cas de turbulences, dans l'intérêt de la stabilité financière. Aux États-Unis, la garantie a été portée de 100 000 à 250 000 dollars lors de la crise de 2008.

Union des marchés de capitaux : des réformes sont nécessaires, mais pas une révolution

Le projet français d'une relance de l'Union des marchés de capitaux prête à discussion. Le groupe d'experts présidé par Christian Noyer propose en effet une vraie révolution du système de financement européen : faire confiance aux marchés financiers plutôt qu'aux banques pour financer le supplément d'investissements privés qu'imposent la transition écologique et la transition numérique.

Le rapport considère que l'épargne est mal allouée en Europe car investie en dettes souveraines (assurance vie) et placée auprès des banques. L'épargne devrait plutôt être canalisée vers les actions et la titrisation comme aux États-Unis. En d'autres termes, l'Europe devrait abandonner son système de financement traditionnel reposant à 70 % sur les prêts bancaires au profit d'un système de financement reposant principalement sur les marchés financiers.

Cette vision en forme de copier-coller du capitalisme américain n'est pas sans risque. Des réformes sont certes nécessaires, par exemple en matière de titrisation, mais est-ce le moment de réduire les placements en dette nationale alors que la BCE est moins présente sur le marché de la dette souveraine ? Les épargnants sont-ils eux-mêmes désireux de prendre des risques en achetant des actions ? Si les épargnants français devaient se retirer en partie du financement de la dette nationale, il resterait à former le vœu que les banques françaises détiennent une part plus significative de cette dette[1].

Mettre en place une vraie taxe carbone aux frontières de l'Union

Les dépenses engagées à Bruxelles dans le cadre du plan de relance européen ne sont pas financées par de l'argent magique. Contrairement aux promesses initiales[2], elles le sont par le budget européen, c'est-à-dire par les contribuables[3]. La dette européenne s'ajoute, de fait, à la dette nationale. Pour éviter une fuite en avant financière, il est par conséquent indispensable que l'Union lève des nouvelles ressources propres.

L'élargissement de la taxe carbone[4] à l'ensemble des importations aurait le triple avantage de dégager des

1. Les banques françaises détiennent 8 % de la dette nationale.

2. Emmanuel Macron avait déclaré, le 21 juillet 2020, sur TF1 : « Ce n'est pas le contribuable français qui paiera cette dette. »

3. La France a une part de 17-18 % dans le budget européen.

4. Le MACF (mécanisme d'ajustement carbone aux frontières), décidé en 2023. Cette taxe devrait rapporter 1,5 milliard d'euros en 2030, loin

ressources substantielles, de protéger notre industrie et notre agriculture contre les pratiques déloyales et d'importer de manière plus vertueuse sur le plan écologique[1].

---

des 14 milliards initialement envisagés compte tenu du tout petit nombre de produits concernés.

1. En tenant compte des importations, l'empreinte carbone de l'Union européenne est supérieure de 30 % à celle de la Chine.

Penser le monde et la nouvelle donne géopolitique

Jean de Gliniasty

L'objectif d'une Europe-puissance, dont la perspective s'éloigne à la mesure des élargissements successifs, a constitué progressivement l'alpha et l'oméga de la politique étrangère française. Il a conduit la France à une sorte de paresse dans l'analyse de la situation internationale. Au rythme des concessions justifiées par la recherche du consensus européen et occidental, la France a perdu les bases de ce qui faisait l'originalité de sa diplomatie/position internationale. L'erreur initiale a été de penser que l'intégration croissante dans l'OTAN, dans la politique étrangère et de sécurité commune (PESC) européenne, dans le G7, était le détour inévitable pour coaliser sous la bannière européenne des pays hétérogènes dont les politiques étrangères avaient pour seuls points communs l'acceptation de la tutelle stratégique américaine et la référence omniprésente aux critères des droits de l'homme et de la démocratie. Dans ce travail de Sisyphe, Paris a perdu sa capacité d'analyse autonome et l'acuité de sa perception de l'évolution du monde.

Marqués par l'occidentalo-centrisme, hérité de la courte période unipolaire qui a suivi la chute de l'URSS, nous avons confondu la poursuite de l'émancipation des peuples et des nations, précédemment sous domination occidentale, avec une aspiration à nos valeurs. Nous n'avons pas compris que sans récuser nécessairement ces valeurs, ces peuples et ces nations avaient pour objectifs prioritaires de s'affranchir, de retrouver leur fierté et de régler seuls leurs problèmes. La grille d'analyse uniforme des droits de l'homme et de la promotion de la démocratie, fondée sur l'idée implicite de la supériorité de notre modèle et au demeurant appliquée avec des géométries variables, nous a conduits à sous-estimer les facteurs locaux, historiques, « civilisationnels », voire anthropologiques, qui déterminaient les crises. Pendant ce temps, le « droit d'ingérence » humanitaire promu par la France au nom des droits de l'homme, devenu « devoir de protéger », testé en Irak et en Libye contre des régimes dictatoriaux et sanguinaires, était perçu au Sud comme un prétexte aux interventions et une manifestation d'arrogance.

Cette simplification nous a fait rater bien des rendez-vous. Les « Printemps arabes » ont été uniformément analysés comme des épisodes de la lutte entre des régimes autoritaires et des oppositions démocratiques, rapidement résumés en un affrontement entre le Bien et le Mal sans prendre en compte les spécificités de chaque situation. Le problème palestinien a été considéré comme sans objet dès lors qu'Israël, « seule démocratie au Moyen-Orient », normalisait ses relations avec les États arabes. La Syrie du sanglant Bachar el Assad était vouée à une démocratisation inéluctable au besoin par les armes, le renversement du dictateur Mouammar Kadhafi paraissait légitime. Le résultat de ces errements a été la quasi-éviction de notre pays dans une zone où nous étions présents depuis des siècles et surtout un divorce croissant avec les opinions publiques arabes. Ils ont aussi conduit à la déstabilisation de la Libye, puis du Sahel irrigué par les arsenaux et les mercenaires en déshérence de Kadhafi. Le désamour de nombreux Africains a suivi. La même grille d'analyse nous a conduits à renoncer facilement aux accords que nous avions nous-mêmes négociés aux côtés de l'Allemagne, à Kiev (2014) ou à Minsk (2015), pour tenter de régler la crise ukrainienne : comment faire pression sur un pays démocratique et vertueux agressé par un régime autoritaire invoquant sa propre lecture de l'histoire ? Le gouvernement ukrainien était libre de choisir ses alliances et personne n'oserait contester son refus de la neutralité et son juste choix de rentrer dans l'OTAN ou dans le sanctuaire de la démocratie et de la prospérité qu'est l'Union européenne. Comment ne pas appuyer le président autoproclamé Juan Guaidó soutenu par les États-Unis, face au dictateur marxiste Nicolàs Maduro, au Venezuela, ou ne pas donner la préférence au nouveau président Javier Milei, néolibéral et allié convaincu des Occidentaux face au brésilien Lula qui se permet de relativiser la responsabilité russe dans la guerre en Ukraine. Cette approche risque aussi de nous conduire à l'enrôlement, sous la bannière de la démocratie et des droits de l'homme, dans la croisade qui s'amorce à l'initiative des États-Unis contre la Chine, avec tous les risques que cela comporte pour nos intérêts dans la région indopacifique.

Alors que faire ? D'abord, abandonner l'« Irrealpolitik », comme le dit Hubert Védrine, et en revenir aux réalités : le projet d'Europe-puissance, s'il a jamais existé, est à l'agonie avec les élargissements successifs qui ont porté l'Union européenne à vingt-sept et bientôt à trente-sept membres, tous anxieux d'affirmer leur spécificité nationale. Il est douteux que la possible arrivée au pouvoir de Donald Trump aux États-Unis conduise à autre chose que quelques soubresauts d'« autonomie stratégie ». Faire fonctionner cahin-caha l'ensemble nécessite de transférer de nouveaux pouvoirs à la Commission et de généraliser le vote à la majorité qualifiée comme le demande l'Allemagne, ce qui signifierait la fin de notre siège au Conseil de sécurité, une politique centrée sur un plus petit dénominateur commun (en général la démocratie et les droits de l'homme) et l'abandon de nombreux marqueurs de notre politique étrangère.

Un des premiers est le rapport aux pays du Sud. On se souvient de la décolonisation, du dialogue Nord-Sud, du Trilogue, et de toutes les initiatives prises par la France pour favoriser l'émancipation des pays autrefois appelés « en développement ». Le Sud global, tel qu'on le désigne aujourd'hui, est rassemblé autour du Brésil, de l'Inde, de la Chine et de l'Afrique du Sud ; les BRICS, désormais élargis à l'Arabie saoudite, aux Émirats arabes unis, à l'Égypte, à l'Iran et à l'Éthiopie, réunissent tous les pays qui prétendent contester la prééminence de l'Occident – appelé l'« Occident collectif » par Moscou dans le cadre du conflit en Ukraine. Signe distinctif de ce nouveau Sud global, aucun des pays qu'il comporte n'applique les sanctions occidentales contre la Russie, même si certains d'entre eux ont condamné l'invasion de l'Ukraine. Contrecoup indirect de l'usage du « droit d'ingérence » en Irak ou en Libye, les valeurs reconnues par l'ONU (droits de l'homme) ou par l'Occident (démocratie) et invoquées dans la conduite des politiques étrangères occidentales, sont désormais considérées avec circonspection par nombre des pays du Sud. Les ambitions nationales, souvent teintées de revanchisme, sont la priorité des grands émergents à la puissance. Ce n'est pas un hasard si les plans de paix pour l'Ukraine fleurissent au Sud alors que les pays du Nord s'enfoncent dans la guerre : Chine, Brésil, Indonésie, Afrique, médiation turque… Ces pays prétendent maintenant participer à la définition de l'ordre du monde, Europe comprise. Cette volonté de révision des rapports de puissance issus de la dernière guerre mondiale, renforcés par la période unipolaire autour des États-Unis après la chute de l'URSS, ne va pas jusqu'à remettre en cause l'ONU ou même le G20. Simplement ces pays veulent faire entendre leur voix indépendamment de leurs régimes ou de leurs performances en matière de démocratie, de droits de l'homme ou d'État de droit. Notre pays devra prendre en compte ces nouvelles aspirations politiques et économiques. Moins de leçons et de jugements, plus d'attention et de considération, cela signifie notamment la création de structures, pourquoi pas un ambassadeur itinérant, chargées de suivre le Sud global et les BRICS ?

D'autres marqueurs apparaissent ou réapparaissent à mesure que naissent les crises internationales : le raid terroriste du Hamas contre Israël le 7 octobre 2023, avec son cortège d'atrocités, est vite passé au second plan dans les opinions du Sud après les trente mille morts en quelques semaines sous les bombardements israéliens à Gaza. Après quelques errements (« coalition internationale contre le Hamas ») qui ont contribué à brouiller son image, la France a été un des premiers pays à appeler au cessez-le-feu. Mais nous n'avons ouvert aucune perspective politique de sortie de crise. Les aspirations des Palestiniens à un État, un moment oubliées par tous, ont repris leur place dans les déclarations officielles, sans que personne ne prenne aucune mesure en ce sens alors même que la solution à deux États est rendue de plus en plus improbable par l'accélération de la colonisation en Cisjordanie. Ce dossier est devenu dans le Sud global l'archétype des « deux poids deux mesures », utilisés par les pays occidentaux vis-à-vis d'Israël. Certes les gouvernements arabes, dont la plupart s'étaient montrés favorables aux accords d'Abraham, marquant la reconnaissance d'Israël par Rabat, Khartoum, Abu Dhabi, Bahreïn et, pensait-on alors par Riyad, n'ont jamais été très actifs pour la « cause palestinienne ». Mais ils doivent tenir compte de leurs opinions et des surenchères de quelques pays tel l'Iran. La défense du droit des Palestiniens à un État est, à certains égards, la clef des cœurs arabes quelles que soient les politiques de leurs gouvernements. La France peine à retrouver une voix spécifique sur ce dossier et il faudra sans doute sortir du concert occidental pour se faire entendre.

L'Ukraine en est un autre. L'invasion du pays par la Russie a été l'épilogue d'une série de tentatives avortées de la France et de l'Allemagne pour régler le problème russo-ukrainien par la négociation. Tous ont pris leur part dans cet échec, en premier lieu l'Ukraine qui a refusé la neutralité et le statut d'autonomie du Donbass prévu par les accords de Minsk (février 2015) et la Russie où un puissant groupe de pression nationaliste préférait résoudre la question par la guerre même si les accords de Minsk étaient globalement favorables à la Russie. Mais une chose est sûre : la diplomatie européenne (essentiellement allemande et française en l'occurrence), malgré de louables efforts, n'a pas réussi à faire prévaloir une solution pacifique. Au-delà des atrocités et des souffrances de la guerre et malgré la perte totale de confiance de part et d'autre, l'Europe ne doit pas redevenir l'épicentre d'un conflit durable avec des risques d'escalade qui conduiraient, après deux guerres mondiales, à une sorte de nouveau suicide. Il ne serait pas illogique, dans l'hypothèse d'un effacement progressif des États-Unis, tentés de transférer le fardeau à l'Europe pour se consacrer à la Chine, que la France, si possible avec l'Allemagne, prenne la tête d'une coalition permettant à l'Ukraine de résister à la pression russe et au démantèlement du pays que Moscou recherche. Dans cette perspective le réarmement de notre pays est une étape indispensable. Mais il nous faut marcher sur deux jambes et faire avancer les perspectives de paix. Il nous faut, avec d'autres pays européens, et plus particulièrement l'Allemagne, à qui nous oppose maintenant une absurde rivalité sur ce dossier, préparer une négociation. Plutôt qu'une guerre sans fin avec le risque permanent d'une percée russe ou d'un cessez-le-feu précaire, la France doit penser au « coup d'après ». Alors que d'autres pays, États-Unis, Chine ou autres, se penchent sur un conflit qu'ils souhaiteraient maintenant voir prendre fin, la France et l'Allemagne enfin réconciliées sur ce dossier, devraient dès maintenant réfléchir à la paix et, selon les mots déjà oubliés du président Macron, à l'indispensable « architecture de paix et de sécurité en Europe ».

La France a perdu une grande part de son crédit en Afrique, notamment francophone. Beaucoup d'éléments y ont contribué : baisse de notre aide au développement dont près de la moitié est distribuée par des organismes internationaux (Union européenne, ONU, Banque mondiale…), moindre importance accordée à l'éducation et à la francophonie dont l'Afrique est le cœur, retrait relatif des entreprises françaises, concurrence accrue des Chinois, des Turcs, des Indiens, et d'autres, hostilité systématique des Russes dans le contexte de la guerre en Ukraine, renversement de Kadhafi et erreurs faites au Sahel dans la lutte contre le djihadisme…

Il y a aussi dans la gestion à Paris de l'Afrique francophone la prééminence des considérations militaires dictées par l'affrontement avec les groupes terroristes, au détriment des diplomates plus soucieux des équilibres régionaux, des alliances – fussent-elles de circonstance –, et surtout des souverainetés nationales. Mais la raison principale de cette désaffection est la perte par notre pays de sa position singulière sur la scène internationale. Nous n'avons plus cette image spécifique, à laquelle les Africains se référaient volontiers, celle d'un pays marqué par la spécificité francophone, dont l'action et les intérêts n'étaient pas exactement ceux des autres Occidentaux et qui était capable de défendre les intérêts de ses amis africains dans diverses instances internationales. Il devient plus simple pour eux de traiter directement à Bruxelles ou à Washington. La France doit donc rétablir son image en Afrique francophone. Cela signifie d'abord accorder plus d'intérêt au continent : tous les grands pays organisent des sommets Afrique alors que la France y a renoncé à la fois faute de moyens et par paralysie devant le risque d'accusation de cultiver la « Françafrique ». L'aide française doit, autant que possible, servir des intérêts bilatéraux bien identifiés, politiques, éducatifs, économiques plutôt que des logiques de développement définies dans des enceintes multilatérales occidentales et souvent récusées *in petto* par les bénéficiaires eux-mêmes. Le thème du « gagnant-gagnant » promu par la Chine et d'autres, aussi fallacieux soit-il, a touché les Africains : ils demandent des investissements plutôt que de l'aide. Nous devons davantage encourager nos entreprises, souvent réticentes à investir en Afrique. Enfin, il nous faut prendre les régimes comme ils sont dès lors qu'ils sont prêts à entretenir de bonnes relations avec notre pays, c'est-à-dire accepter ce monde multipolaire qui se construit sous nos yeux.

La Chine, aux côtés de l'Inde, en sera un des pôles majeurs. Si nous avons développé depuis longtemps nos relations avec l'Inde, d'ailleurs courtisée par tous, nos relations avec la Chine sont plus fragiles. Pékin veut accéder au premier rang et récupérer Taïwan, île chinoise où s'était réfugié le rival de Mao et devenue une vraie démocratie soutenue par le monde occidental. Au-delà de ses ambitions technologiques, industrielles et commerciales mondiales, le premier cercle d'influence géopolitique de la Chine sera la zone dite indopacifique où nous avons des intérêts (Nouvelle-Calédonie, La Réunion, Tahiti, une immense zone économique exclusive difficile à défendre..., quelques milliers d'hommes et quelques bateaux de guerre). Il faudra les gérer, non pas en participant aux coalitions montées pour contenir les appétits chinois où nous n'aurons, comme l'affaire AUKUS (vente de sous-marins français annulée par l'Australie au profit des Anglo-Américains) l'a montré, qu'une importance secondaire, mais par une attention vigilante, une négociation permanente et une position plus proche de la neutralité active et pacificatrice, que de l'alignement sur le bloc occidental. Le président français a montré la voie lors de son voyage à Pékin, exprimant le souci de ne pas être « pris dans des crises qui ne sont pas les nôtres », mais le message s'est brouillé par la suite, notamment devant la levée de boucliers suscitée chez nos alliés et cette sortie risque d'apparaître circonstancielle.

Le président français a souvent fait référence à la France comme « puissance d'équilibre ». Autrefois il s'agissait d'un équilibre entre l'Est et l'Ouest avec l'influence modeste des Non-Alignés. Mais maintenant que le monde est en voie de multipolarisation rapide et que les rapports de puissance sont en pleine évolution, cette politique d'équilibre implique une capacité d'analyse indépendante et une action diversifiée. Loin des stéréotypes, des alignements, des réflexes conditionnés, quelles qu'en soient les justifications (blocs des démocraties, respect des droits de l'homme...), notre pays doit refonder, avec courage, souplesse et cohérence, une politique étrangère actuellement en déshérence.

La France peut-elle demain porter une voix indépendante à l'échelle internationale ?

Jean-Pierre Chevènement

La politique étrangère gaulliste a été conçue pour que la France puisse faire entendre une voix indépendante dans un monde bipolaire, dominé par la confrontation des États-Unis et de l'Union soviétique. Ce dernier n'existe plus. Il est aujourd'hui fragmenté, multipolaire, et chaque pays privilégie ses propres intérêts.

Le temps de « l'hyperpuissance » américaine n'a pas survécu aux « guerres sans fin » dans lesquelles elle s'est enlisée, au lendemain de la première guerre du Golfe. Ce naufrage résulte d'une erreur majeure : celle des néoconservateurs américains qui croyaient pouvoir exporter la démocratie et le libéralisme par les armes. L'hyperpuissance s'est heurtée à la réalité des sociétés et des cultures non occidentales : les soldats américains, un demi-siècle après Saigon et le Vietnam, ont dû évacuer Kaboul et l'Afghanistan. De même leur présence en Irak n'est plus que résiduelle (environ 2 000 soldats) et le gouvernement de Bagdad leur demande une évacuation totale à bref délai. Il en va de même au Niger. L'erreur de notre politique a été de s'inscrire dans le sillage de la politique étrangère américaine en privilégiant l'invocation des droits de l'homme sur la défense de nos intérêts (intervention en Libye en 2011).

Les États-Unis se sont considérés comme les vainqueurs de la guerre froide dont la Russie serait la grande vaincue. Ce n'est pas ainsi que raisonnent ses habitants qui considèrent être venus à bout par eux-mêmes du communisme. Cette prétention est sans doute excessive, tout comme l'est la prétention américaine. En réalité, c'est beaucoup plus que l'Empire soviétique qui s'est désintégré, c'est une réalité historique plus ancienne : c'est l'Empire russe, tel que les tsars l'avaient façonné au fil des siècles, et particulièrement depuis 1657, entre la Russie et l'Ukraine. C'est cette dissociation du noyau originel et fondateur de la puissance russe que refusent, avec trente ans de retard, les dirigeants du Kremlin. Ils mesurent, trois décennies après la dissociation de l'URSS, que le nationalisme ukrainien s'est constitué historiquement contre la Russie et la résurgence de sa puissance.

La revendication nationale ukrainienne a toujours été soutenue de l'extérieur, et notamment au temps de la Monarchie austro-hongroise, s'appuyant sur le fait que la partie occidentale de l'Ukraine était plus tournée vers l'Europe centrale que vers la Russie (Lvov, autrefois Lemberg, l'Église uniate, etc.). Il est également facile de démontrer que la politique américaine a longtemps visé à faire d'une Ukraine indépendante un bélier contre la Russie, ramenant celle-ci à la dimension d'une « puissance régionale ». Telle était la thèse développée en 1997 par Zbigniew Brzeziński (voir *Le Grand Échiquier. L'Amérique et le reste du monde*, Paris, Bayard, 1997). Mais ces faits ne doivent pas dissimuler l'essentiel ; le sentiment national ukrainien est davantage tourné vers l'Europe que vers une Russie perçue d'abord comme un empire ayant ses racines en Asie. Cette attractivité de l'Europe se fait d'ailleurs sentir en Russie même. Elle exprime une réalité sociologique (nouvelles classes moyennes) à laquelle les dirigeants de Kremlin sont confrontés à domicile.

Que reste-t-il aujourd'hui du communisme, trente ans après l'effondrement de l'URSS ? Le souvenir de l'Empire russe qu'avait prolongé l'Union soviétique, et, bien sûr, ensuite la Chine populaire, empire hybride à la fois communiste et capitaliste, comme si Deng Xiaoping avait réussi la NEP, là où Lénine, en 1923, avait échoué. Reste aujourd'hui la deuxième puissance économique mondiale dominée par le parti communiste de Xi Jinping. C'est cette réalité puissante qui permet d'ordonner notre perception du monde actuel. La Chine ne talonne pas seulement les États-Unis comme puissance économique dominante. Elle entraîne dans son sillage mais à des degrés divers, les pays du Sud global, c'est-à-dire les anciens pays dominés. Depuis plus d'un demi-siècle, la colonisation a fait son temps. Les anciens empires coloniaux se sont défaits, non sans laisser derrière eux une onde profonde de ressentiment mais aussi des liens puissants. L'Occident s'est rabougri autour des États-Unis et de la vieille Europe. S'agrippent à eux les anciens *dominions*, à qui il faut ajouter le Japon, la Corée du Sud, Singapour. Ainsi, le monde actuel se structure-t-il autour de deux pôles : les États-Unis et la Chine.

Que devient la France là-dedans ? Peut-elle encore faire entendre sa voix ? Certes, elle a perdu son second empire colonial, mais celui-ci était devenu un boulet. Pour continuer à compter, elle ne doit renoncer ni à son indépendance, ni à ses principes et ni à ses intérêts. Ceux-ci vont de pair, et surtout, ils répondent à l'intérêt commun de l'humanité. La France ne doit pas s'agréger à un bloc, fût-ce au prétexte d'une solidarité européenne ou plus encore indopacifique qui n'existe pas (cf. la rupture de notre contrat de sous-marins avec l'Australie).

Depuis la Révolution de 1789, la France incarne, en effet, le modèle de la nation civique, à l'opposé de la nation ethnique, ou même tout simplement fondée sur un principe identitaire, qu'il soit religieux ou communautariste. C'est là-dessus qu'il faut reconstruire. Cette définition de la nation, à la fois exigeante et souple, est en effet un modèle offert à toutes les nations, chacune pouvant, bien sûr, l'accommoder aux spécificités qui résultent de son histoire. Dans le modèle de la nation civique, la souveraineté appartient à la nation et plus précisément au Peuple, c'est-à-dire à l'ensemble des citoyens faisant corps. Cette conception civique est un point essentiel qui fonde la coexistence pacifique de toutes les nations. La Déclaration des droits de l'Homme et du Citoyen du 26 août 1789 en a, la première, posé le principe dans son article 3 : « Le principe de toute souveraineté réside essentiellement dans la nation. Nul corps, nul individu ne peut exercer d'autorité qui n'en émane expressément. » C'est ce lien purement civique que la Révolution française a substitué au droit divin, faisant ainsi, selon l'expression de Michelet, « descendre le Ciel sur la Terre ». De ce modèle découlent l'égalité, entre eux, des citoyens, mais aussi la laïcité, qui crée un espace commun à tous, quelle que soit la religion de chacun. Cette définition de la laïcité, qui n'est pas sans incidence sur notre politique étrangère, peut être mal comprise : c'est que souvent elle n'est pas convenablement expliquée. C'est ainsi qu'un directeur de recherche au CNRS, M. Sébastien Roché, était allé jusqu'à écrire : « Le pilier de l'identité française c'est l'athéisme », à partir d'un paralogisme : « Plus on s'investit dans une communauté de la foi, moins on se reconnaît dans la communauté nationale. » Les exemples du contraire fourmillent ! Et il faut combattre cette vision de la laïcité. Cette dernière ne fait pas de la religion le fondement du lien social comme aux États-Unis, où le fait d'avoir une religion, quelle qu'elle soit, est considéré comme une norme sociale intervenant dans le lien fédérateur (serment sur la Bible, prière, croyance en Dieu affirmée jusque sur les billets de banque). Il est trop facile de dauber sur le « laïcisme » à la française quand on ne le comprend pas.

La laïcité française ne se réclame d'aucune transcendance, même si elle n'en exclut aucune. Cette nuance échappe aux Anglo-saxons qui confondent la laïcité et la simple tolérance, Locke et Condorcet. Cette confusion a pénétré l'idée que bien des Français d'aujourd'hui se font des principes fondateurs de la République. Beaucoup ont perdu de vue le lien entre l'esprit critique, la science, la citoyenneté et la recherche du bien commun, bref ce que nous avons en commun plutôt que ce qui nous différencie.

À plus forte raison, l'idée de laïcité est-elle mal comprise dans les sociétés musulmanes. Certes l'islam est divers, mais le courant salafiste (fidèle aux « pieux ancêtres ») qui s'inscrit dans la tradition littéraliste d'Ibn Hanbal, l'hanbalisme, l'une des quatre écoles juridiques de l'islam, n'est évidemment pas compatible avec la laïcité. On pourra souligner, à l'inverse, que le Coran multiplie les appels à la rationalité et à la connaissance (« aller chercher le Savoir jusqu'en Chine »). L'islam est en fait une mosaïque d'interprétations, ce qui fonda le projet de civilisation commencé par Jacques Berque d'un « islam de France » compatible avec le modèle républicain français. Ne nous méprenons pas : l'islamisme radical a déclaré la guerre à la République. Celle-ci n'a d'autre choix que de faire face, comme elle le fait avec Ghaleb Bencheikh, président depuis 2018 de la

Fondation de l'Islam de France, instance laïque, reconnue d'utilité publique. Ne nous méprenons pas non plus sur un autre point : l'islam de France c'est pour la France et pour les musulmans qui ont choisi d'embrasser la nationalité française. Avec les pays musulmans, nous sommes conduits à respecter les lois qu'ils se donnent en interne, principe de non-ingérence oblige. Cela rend-il nos relations plus difficiles ? Certainement pas, si chacun défend ses principes et accepte que l'autre, chez lui, défende les siens. Un exemple : l'Iran. On peut cultiver notre relation avec ce grand pays sans adhérer aux règles qu'il impose aux femmes et encore moins à son régime théocratique.

*

Dans ce monde compliqué, nous tenons à nos principes et nous respectons ceux que les autres pays se sont donnés. Ce respect de la personnalité de chaque peuple est la base d'une diplomatie française renouvelée, à l'enseigne d'un réalisme respectueux de la diversité des nations. Il n'y a donc nulle contradiction entre l'universalisme que professe la République française et le respect de l'identité que se sont donné d'autres peuples. La France doit rechercher le dialogue avec les anciens empires : Inde, Turquie, Iran, comme avec les grandes nations qui s'affirment dans les pays du Sud : Brésil, Mexique, Argentine en Amérique du Sud ; Indonésie, Vietnam, en Asie du Sud-Est ; Égypte, Afrique du Sud, Nigéria, République démocratique du Congo, Éthiopie, en Afrique.

La France ne doit pas se laisser enfermer dans des définitions étroites et restrictives (Occident collectif, Sud global, etc.). Il lui revient de casser ces représentations d'un autre temps. La meilleure manière de le faire est de rompre avec les idées reçues de la période coloniale pour affirmer nos valeurs universalistes et nos idéaux de justice et de développement. Ainsi la question du Moyen-Orient où la reconnaissance du peuple palestinien doit aller de pair avec la garantie de la sécurité d'Israël.

L'Afrique est un autre chapitre où la France doit renouveler ses vues. La priorité doit être le développement. Des partenariats à long terme seront ainsi tissés avec l'Inde, le Brésil, le Nigéria, la République démocratique du Congo, en prenant davantage en compte les intérêts de chacun. Il faudra désenfermer nos politiques trop longtemps confondues avec celles du G7 ou de l'Union européenne. Ainsi en retrouvant la maîtrise de nos aides et de nos financements.

Il y a un bilan à faire, enfin, de la construction européenne trente ans après Maastricht. La position relative de la France s'est dégradée. Un différentiel de développement entre pays européens s'est creusé au fil des élargissements. Certes il y a des acquis à préserver : le marché unique et l'euro, dès lors qu'ils seront rendus compatibles avec une politique de compétitivité commerciale offensive face aux États-Unis et à la Chine ou avec une politique monétaire non pénalisante, ce qui implique que la BCE abaisse ses taux. Le moment est venu de faire ce bilan et d'opérer un redressement de la construction européenne. Une explication politique doit être menée en direction de l'Allemagne : celle-ci ne peut pas imposer des critères pénalisants en matière financière et budgétaire (taux d'endettement ramené à 60 % du PIB par exemple) et exiger un alignement sur ses propres exigences en matière de politique extérieure. Une architecture de sécurité européenne reste à construire. Seule puissance nucléaire sur le continent face à la Russie, la France occupe, à cet égard, une position privilégiée. La dissuasion nucléaire répond à la défense des intérêts vitaux de la France. C'est ce qui l'a rendue acceptable par l'opinion publique française. Avant de « partager la dissuasion », il faut s'aviser que nos intérêts vitaux sont compris de la même manière par nos éventuels partenaires. Je ne propose pas que la France, en Europe, « casse la baraque » mais simplement qu'elle défende ses intérêts, tout en réaffirmant ses principes, ceux-là mêmes posés par la Charte de l'ONU en 1945.

Ce qui redonnera son lustre à la politique étrangère de la France, c'est la rigueur avec laquelle elle défendra ses principes. Ceux-ci, en effet, répondent à l'intérêt commun de l'humanité : ainsi celui de la non-prolifération dans le domaine des armes nucléaires, et à plus forte raison celui du respect de l'indépendance et de l'intégrité territoriale de chaque État. Plus généralement la France doit s'identifier aux grandes causes qui conditionnent l'avenir de l'humanité : développement économique et social, prévention des pandémies en matière de santé, éducation et lutte contre l'analphabétisme, maîtrise de l'évolution climatique, etc.

Pour s'en tenir aux questions immédiates, la France doit favoriser un compromis pacifique entre l'Ukraine et la Russie. Cette dernière a violé les principes auxquels elle avait souscrit en agressant la première. On peut ne pas être d'accord avec la lecture de la genèse du conflit, mais rien ne peut légitimer l'invasion de l'Ukraine par son voisin qui avait reconnu, il y a plus de trente ans, son indépendance. Ce compromis entre l'Ukraine et la Russie doit aller de pair avec la reconnaissance de la neutralité de l'Ukraine garantie par les puissances membres du Conseil de sécurité et par les principaux membres de l'OTAN. Le caractère russe ou ukrainien de la Crimée se discute. Il est à régler par la négociation. La Russie est un grand pays, à la fois européen et asiatique. Elle ne disparaîtra pas. C'est d'ailleurs l'intérêt de l'Europe qu'elle existe entre elle et la Chine.

*

La deuxième grande question qui obscurcit l'horizon international depuis près d'un demi-siècle est celle du Moyen-Orient. La Palestine a droit à une existence indépendante : c'est une question de justice, posée depuis 1967. Ceci implique la coexistence de deux États sur le territoire palestinien. Mais la sécurité d'Israël doit être garantie par les grandes puissances. C'est une question de principe. La France doit sur le sujet faire entendre une voix indépendante. Aucune solution durable ne pourra intervenir si un compromis n'est pas trouvé avec l'Iran. Les sanctions doivent être levées, dès lors que ce dernier acceptera d'être contenu en deçà du seuil nucléaire. Israël, à l'inverse, a le droit de bénéficier du fait de sa petite taille et de sa vulnérabilité d'une protection spéciale.

L'Afrique est un enjeu majeur de développement. Cet enjeu mérite d'être traité comme tel, en étroite relation avec l'Organisation de l'unité africaine (OUA) et avec ses organisations régionales. La France pourrait prendre l'initiative d'une conférence permanente associant les grands partenaires de l'Afrique, européens ou non. Il s'agit de soustraire l'Afrique, autant que possible, aux rivalités et aux surenchères, et de favoriser un développement endogène. La francophonie est un atout. Il faut la revaloriser.

La France est un pays d'envergure mondiale, bien qu'elle ne soit plus dans la catégorie des très grandes puissances. Ce qui la menace est plus un excès de modestie qu'un défaut de moyens. C'est la foi dans ses principes qui peut lui permettre de « faire la différence » et de prétendre continuer à jouer un rôle qui parle au monde entier. Un pays qui ne s'estime pas lui-même et qui ne croit plus en ses principes ne peut prétendre jouer un rôle mondial. La question de notre politique étrangère est donc d'abord une question française.

2

L'IDÉE RÉPUBLICAINE FACE AUX MUTATIONS DE LA SOCIÉTÉ FRANÇAISE

Les institutions de la Ve République et la revitalisation de la souveraineté populaire

Jean-Éric Schoettl

Née d'une crise de gouvernance aiguë, la Ve République a pour tropisme premier d'instituer un exécutif fort. Un exécutif disposant des coudées franches pour déterminer et conduire la politique de la nation, y compris dans le domaine normatif (maîtrise de la procédure législative ordinaire, législation déléguée, pouvoir réglementaire s'exerçant dans les matières non réservées à la loi ou dans lesquelles la loi ne détermine que les principes fondamentaux) et sans être gêné par une justice réduite au statut d'autorité, ni par un Conseil constitutionnel qui ne peut être saisi que par un petit nombre d'autorités et seulement afin de veiller au fonctionnement régulier des institutions. C'est cette donne première que remet sans cesse en question la révision constitutionnelle depuis trois décennies. Les dix-neuf révisions constitutionnelles intervenues depuis 1990 ont en effet réduit la marge de manœuvre de l'État, pris dans sa branche exécutive comme dans sa branche législative, et ce du fait des nouvelles contraintes, tant nationales que supranationales, qu'elles ont fait peser sur lui.

La Constitution du 4 octobre 1958 se veut, à l'origine, un texte d'organisation des pouvoirs publics qui confère un rôle majeur à l'exécutif. Toutefois, au cours des trente dernières années, elle se trouve mise au service d'autres finalités : depuis 1992, l'intégration à l'Europe ; en 2005, la sauvegarde de l'environnement ; en 2008, au travers de la question prioritaire de constitutionnalité, la garantie des droits et libertés. La proclamation de principes et l'instauration de nouveaux droits deviennent l'enjeu principal des révisions.

La construction européenne, engagée le 25 mars 1957 avec le traité de Rome, n'a longtemps fait l'objet d'aucune mise à niveau, sinon en 1976 pour permettre l'élection des eurodéputés au suffrage universel direct. La ratification du traité de Maastricht, en 1992, inaugure une période nouvelle. Elle impose le préalable d'une révision constitutionnelle à chaque traité : traité d'Amsterdam, traité établissant une Constitution pour l'Europe, traité de Lisbonne. Le constituant accepte de vastes transferts de compétences nationales à l'Union européenne. Autant d'atteintes aux « conditions essentielles d'exercice de la souveraineté », dira le Conseil constitutionnel.

Avec la révision de 2008, la procédure législative est profondément modifiée au détriment de l'exécutif. L'usage de l'article 49, alinéa 3, est limité, hors textes budgétaires, à un seul texte par session. Ce n'est pas tout : le texte sur lequel s'engage le débat est celui de la commission et non plus celui du gouvernement ; l'ordre du jour prioritaire est consacré, certaines semaines, à l'initiative parlementaire… N'échappent au chambardement des procédures législatives que les lois de finances et de financement de la Sécurité sociale. L'abandon des armes du « parlementarisme rationalisé » conçu par Michel Debré est promu au motif de leur prétendue inutilité, qui résulterait du fait majoritaire. Il conduira à des blocages lorsque l'on découvrira, un peu tard, que le fait majoritaire n'est plus acquis.

L'érosion du fait majoritaire, nonobstant le quinquennat et la concomitance des élections présidentielles et législatives, n'avait guère été anticipée. Elle saute aux yeux aujourd'hui avec la disparition d'une majorité absolue de députés favorables à la ligne présidentielle, avec l'obstructionnisme de toute une partie de l'opposition et, plus généralement, avec l'éclatement de la représentation nationale en groupes de sensibilités très différentes qui rend problématique une majorité constante et structurée ; ou même, sur certains sujets cruciaux, une simple majorité d'idées.

Quant à l'autorité de l'exécutif, préoccupation première des hommes de 1958, elle se ressent des changements de paradigme intervenus ces dernières décennies. La prééminence du pouvoir présidentiel au sein de l'exécutif ne se dément pas, mais elle est en partie une illusion d'optique. D'abord, parce que le président épuise son crédit en descendant sans cesse dans l'arène : le septennat conduisait le chef de l'État à prendre de la distance ; le quinquennat l'embourbe dans le quotidien. Ensuite, parce que la présidentialisation masque un déplacement important des lignes de force au sein de la démocratie française. L'évolution des dernières décennies soumet en effet l'ensemble des pouvoirs issus directement ou indirectement de l'élection – président, gouvernement et Parlement – à des contrôles extérieurs, nationaux et supranationaux. La place prise par le Conseil constitutionnel, inimaginable en 1958, est devenue aujourd'hui incontournable pour expliquer l'activité législative. Le droit européen est partout, bien au-delà des questions relatives au marché unique. La magistrature judiciaire s'est syndicalisée et politisée. Apparues dans les années 1970 (avec la CNIL), les autorités administratives indépendantes, surtout lorsque leur action de régulation mêle contrôle et édiction de normes dont elles assurent elles-mêmes la sanction, sont devenues des organes institutionnels majeurs.

La loi n'est plus le sommet de la hiérarchie des normes, mais une règle du jeu précaire et révocable, à la merci des contentieux introduits par les lobbies et les activistes devant les instances juridictionnelles nationales et supranationales. Ce fait contribue d'autant plus à la crise de citoyenneté que la multiplicité des contraintes supra législatives conduit non seulement à la complexité de la norme, mais encore à l'incapacité des pouvoirs publics à opérer les changements de cap attendus par la nation. L'adhésion citoyenne, fondement premier de la Ve République, n'y trouve pas son compte. L'autorité de l'État non plus. En conséquence, les institutions sont rejetées, parfois avec violence. Les symptômes en sont patents : abstention électorale, vote aux extrêmes, jacqueries et violences urbaines, agressions physiques contre des élus, propension grandissante du monde politico-médiatique à opposer la légitimité des foules en colère à la régularité des processus décisionnels mis en œuvre dans le cadre constitutionnel.

On se rassurera en relevant que la Ve République a surmonté bien des crises (putsch des généraux, Mai 68, Gilets jaunes, grèves prolongées, pandémie). La pérennité des institutions n'en est pas moins aujourd'hui menacée par une perte de dessein et de cohérence. Les forces politiques classiques s'effacent et, avec elles, l'alternance tranquille entre choix de société. Le contraste s'accuse entre les deux grandes visées de 1958 : la stabilité des institutions et l'autorité de l'État. Derrière la façade rassurante de la première, la Ve République sera minée par un mal profond : l'affaissement de la seconde.

Comment redonner à l'État ce ressort et ce tonus que la société attend de lui ? Comment réarticuler entre elles (et dans l'esprit des citoyens) les grandes dimensions de l'action de l'État (régalien, prestataire de services et gardien du long terme) ? Comment retrouver ce qui a fait la force des institutions originelles de la Ve République ?

Je vais exprimer ici une vue très contraire à l'esprit du temps : pour accomplir efficacement leurs missions et honorer le pacte qui les lie aux citoyens, les délégataires de la souveraineté populaire, gouvernement, parlement, élus locaux, administrations sont aujourd'hui trop contraints par des normes, des procédures, des instances et juridictions nationales et supranationales. Ils sont comme Gulliver ligoté par les Lilliputiens. Pour redonner à leur action la vigueur que la société attend d'eux, il faut dénouer ces liens et retrouver la force de vouloir. Ce que je vais évoquer est un changement de paradigme, tant il y aurait à faire (et à défaire) et tant cette idée de restaurer les marges de manœuvre du législateur, du gouvernement, des ministres, des maires, des administrateurs, est contre-intuitive à une époque où il n'est question que de contre-pouvoirs, de démocratie participative et de procédures garantissant la moralisation de la vie publique. À une époque où l'action publique est toujours soupçonnée, faute d'être surveillée, d'en faire trop contre les libertés, trop pour les privilèges et pas assez pour la satisfaction des droits. Je vais donc faire un doux rêve, en étant conscient que ce rêve est le cauchemar de tous ceux qui ont trouvé un intérêt matériel ou idéologique à ligoter Gulliver et que, pour cette raison, il a peu de chances d'être exaucé.

*

Dans ce rêve, libérer Gulliver des liens qui l'enserrent impliquerait d'abord d'œuvrer en faveur d'une Europe des nations et non fédérale, d'une « Europe européenne » (comme dit Jean-Pierre Chevènement, reprenant la formule de De Gaulle), d'une Europe respectueuse des frontières nationales. Sans frontière, l'État est un ectoplasme.

La refonte des traités, indispensable, doit nous permettre de passer d'une logique des institutions, qui bride et brime les souverainetés et les sensibilités nationales, à une logique des coopérations, nécessairement à géométrie variable, tirant sa force non pas, comme aujourd'hui, de l'effacement des États membres, mais, tout au contraire, de confiances nationales retrouvées et convergentes.

C'est de ces volontés nationales ressourcées dans le génie et l'histoire de chaque État membre (en France dans le patriotisme républicain) que peut naître, grâce aux coopérations interétatiques, une volonté commune européenne, expression que je préfère de beaucoup à la notion équivoque d'Europe souveraine. Cela peut et doit se faire autour d'objectifs d'autonomie stratégique à l'échelle de l'Union (technologiques, industriels, commerciaux, sociaux et fiscaux, comme la TVA socio-environnementale aux frontières de l'Union), et sur des enjeux communs de sécurité et de contrôle des flux migratoires.

Libérer Gulliver des liens qui l'enserrent impliquerait plus généralement de dénoncer ou renégocier nos engagements internationaux pour s'affranchir du trop-plein de tutelles juridictionnelles ou parajuridictionnelles supranationales. Le rétablissement de la souveraineté (dans ses dimensions nationale et populaire) implique également que la Constitution donne au législateur la possibilité de déroger, dans l'ordre juridique interne (c'est-à-dire devant les administrations et juridictions françaises) – lorsqu'il estime que les intérêts supérieurs de la nation le justifient – au droit européen et international en vigueur.

*

Dans l'ordre interne, libérer Gulliver des liens qui l'enserrent devrait conduire à mettre fin à cette apparente toute-puissance du chef de l'État qui, en le faisant sans cesse descendre dans l'arène, en le rendant comptable de tout, conduit, nous le voyons bien, à la paralysie de l'exécutif. Pour cela il faut au moins revenir sur le quinquennat. Il faut inscrire dans le marbre constitutionnel, pour l'élection des députés, le principe du scrutin majoritaire uninominal de circonscription, seul à même de favoriser l'émergence d'une majorité stable et d'assurer que chaque député est l'élu du peuple entier et non (comme dit la Constitution) d'une « section du peuple » (parti, communauté, région, etc.). Libérer Gulliver de ses entraves, pour mieux lui faire servir notre peuple et regagner la confiance de celui-ci, supposerait également :

De nommer des ministres en petit nombre (mais assistés de secrétaires d'État techniques), ayant un profil les rendant aptes à se comporter comme les patrons de leur ministère et à faire prévaloir la volonté politique sur les résistances administratives et corporatives ;

De revoir, dans la Constitution, le partage loi-règlement dans un sens plus souple, conformément à l'esprit de 1958 ;

De revenir au parlementarisme rationalisé de 1958 en rétablissant les prérogatives gouvernementales indispensables en période de majorités relatives, capricieuses ou divisées ;

De replacer la primauté de la loi au centre de notre édifice institutionnel (notamment avec un « dernier mot » parlementaire pour contrer le gouvernement des juges) ;

De dépénaliser la vie publique, afin d'éviter que la tentation d'ouvrir un parapluie pénal ne produise des comportements prudentiels de type bureaucratique (évitement, segmentation des responsabilités, etc.) nuisant à la réactivité administrative ;

De supprimer la question prioritaire de constitutionnalité (QPC), qui frappe la loi de précarité, et de revoir les procédures de référé administratif dans un sens moins intrusif pour l'État ;

De mettre fin à l'existence d'autorités indépendantes dont l'action s'est révélée concurrente et paralysante pour les pouvoirs publics.

*

Pour redonner du muscle à la gestion publique, il nous faut :

Alléger les obligations formelles de l'administration, notamment leurs obligations consultatives ;

Démanteler en grande partie le maquis de normes enserrant l'action tant des collectivités territoriales que de l'État lui-même et de l'ensemble des administrations publiques ;

Assouplir la procédure budgétaire (pluriannualité, enveloppes globales, contrôles financiers) au-delà de ce qu'a fait la loi organique relative aux lois de finances il y a près d'un quart de siècle ;

Mettre les experts à leur juste place : éclairer, non codécider ;

Déconcentrer l'action de l'État en laissant aux responsables la bride sur le cou, tant pour l'emploi des crédits (fongibilité) que pour l'organisation et le fonctionnement de leurs services et pour la gestion des ressources humaines ;

En lieu et place de la cogestion syndicale uniforme actuellement imposée par les textes, laisser à chaque responsable, aux différents niveaux (ministres, directeurs d'administration centrale et chefs des services déconcentrés), le soin de mettre en place les modes de consultation des agents qu'il estime appropriés ;

Renforcer les pouvoirs des préfets, notamment en matière d'arbitrage et de régulation ;

Développer les administrations de mission transversales et les guichets administratifs territoriaux polyvalents ;

Assouplir les relations entre administrations et particuliers dans le sens de la simplicité, de la sécurité juridique (rescrit par exemple) et de la possibilité de recourir à un interlocuteur humain disposant d'une latitude décisionnelle suffisante pour arrondir les angles ;

Permettre aux collectivités territoriales (plutôt que de leur donner plus d'attributions) d'exercer leurs compétences de façon plus libre, tout en renforçant leur autonomie fiscale, en assouplissant les règles de l'intercommunalité et en étoffant les pouvoirs des polices municipales ;

Développer, face aux problèmes et aux crises, sous la houlette du Premier ministre (au niveau national) et du préfet (au niveau local), le réflexe de coopération au sein des services de l'État, comme entre services de l'État, collectivités et acteurs privés (associations et entreprises).

*

Pour redonner son tonus à l'action de l'État, dans ses relations avec la société, il me semble également crucial :

D'inscrire dans la Constitution l'obligation de continuité des services publics, ainsi qu'un aspect essentiel du principe de laïcité : « Nul ne peut se prévaloir de ses croyances ou de son origine pour se soustraire à la règle commune » ;

De créer un service national obligatoire ;

De construire un système de santé publique associant hôpitaux publics et médecine libérale, avec des obligations de service public pour les personnels soignants libéraux ;

De prendre beaucoup plus en charge les élèves de l'enseignement public, en multipliant les internats et en y développant le civisme et le sentiment d'appartenance nationale.

*

En matière de justice, mon rêve régalien consisterait particulièrement :

À ouvrir la magistrature aux expériences extérieures en recrutant hors ENM des personnes expérimentées (et pas seulement des universitaires) dans une proportion sensiblement supérieure à l'actuelle et à favoriser la mobilité des magistrats dans la fonction publique de l'État et dans la société civile ;

À permettre à un CSM rénové et moins corporatiste dans sa composition, saisi par les chefs de juridiction ou par les justiciables au travers de filtres appropriés, de connaître des abus dans la manière de juger et notamment des atteintes au devoir d'impartialité, abus qui bénéficient aujourd'hui d'une immunité choquante au regard de l'article 15 de la Déclaration de 1789 (qui veut que la société ait « le droit de demander compte à tout agent public de son administration ») ;

À rendre au garde des Sceaux, pourvu qu'elles soient écrites et versées au dossier du contradictoire, la possibilité de donner des instructions écrites au parquet dans les affaires individuelles. La frontière tracée depuis 2013 entre politique pénale générale (pour laquelle le ministre de la Justice peut adresser des instructions aux procureurs de la République par voie de circulaire) et affaires individuelles (dans lesquelles il ne peut plus intervenir) est en effet trop ténue pour ne pas être artificielle. Le rôle du parquet étant non de juger, mais de poursuivre, de requérir et d'administrer, il défend l'intérêt de la collectivité et doit dès lors rester dans une ligne hiérarchique ministérielle. Son indépendance priverait l'exécutif de la capacité de conduire une politique pénale.

*

Enfin, s'agissant de la question de l'ordre public en général, il nous faut réapprendre à assumer la part régalienne, unilatérale, de l'action publique. Nous devons retrouver la légitimité de contraindre lorsque le Bien public le commande. Ni le déni des réalités ni l'angélisme ne protègent l'ordre républicain. Au-delà des déclarations martiales, il nous faut restaurer *in concreto* l'autorité de l'État, les marges de manœuvre de la police administrative et la capacité d'action des forces de sécurité face à l'ensauvagement de certaines franges de la société. En matière migratoire, il nous faut nous doter des moyens tant logistiques que juridiques, y compris constitutionnels, de limiter les entrées à nos capacités d'intégration et d'éloigner les indésirables. Cette libération de l'action publique doit trouver sa contrepartie dans une beaucoup plus grande responsabilité *ex post* de chaque élément du système à l'égard de celui qui le contrôle (agent public à l'égard de sa hiérarchie, gouvernement à l'égard du Parlement dont le pouvoir de contrôle doit être considérablement renforcé...) et dans une vigilance accrue des corps de contrôle.

La plus grande responsabilité de chacun vaut en particulier pour les agents publics : un statut protecteur certes, contrepartie de leurs obligations de disponibilité, mais une mobilité beaucoup plus grande et une possibilité beaucoup plus large qu'aujourd'hui, pour le responsable hiérarchique, de muter ou de radier un agent insuffisant. En revanche, le rétablissement de la souveraineté populaire ne suppose nullement le dépassement de la démocratie représentative par la démocratie directe. Comment préférer à la collégialité raisonnée de la délibération parlementaire (éclairée par le travail préparatoire des administrations et du Conseil d'État) l'enfièvrement des réseaux sociaux ? l'ambiguïté des résultats de sondage ? l'engrenage chaotique des référendums d'initiative citoyenne ? les inspirations naïves de citoyens tirés au sort ?

Le rétablissement de la souveraineté populaire est aussi affaire de conscience individuelle, d'honneur professionnel, de capacités personnelles et de formation des agents publics. Nous touchons ici du doigt une dimension essentielle du redressement de l'action publique, qui est culturelle : l'intériorisation par chacun de l'intérêt général. Et, au travers de cette dimension culturelle, nous mesurons également l'éminence des questions de recrutement et de formation des agents publics.

Il faut retrouver foi dans la chose publique. Le besoin d'un surplomb commun, d'une forme de transcendance, survit à la sécularisation du politique. La gestion de la Cité ne peut se réduire à l'agrégation de revendications individuelles ou minoritaires. Comme dirait Jean-Claude Michéa, l'addition d'une multitude de « C'est mon choix » ne dessinera jamais les contours du Bien commun. Une société sans valeurs ni disciplines collectives, une société reposant sur la seule exaltation de l'autonomie de l'individu, retournerait tôt ou tard à l'état de nature décrit par Hobbes. La glorieuse apothéose de l'individu au sein de la démocratie occidentale moderne n'aurait été alors que l'antichambre d'une vertigineuse régression. Pour remonter cette pente, il convient de rétablir la primauté de l'intérêt général. Et donc reconnaître la noblesse du politique, qui doit arbitrer entre besoins multiples et moyens limités.

*

Le modèle de gouvernance qui vient d'être brossé peut sembler bien utopique et, pour tout dire, réactionnaire, au sens propre du mot (« en réaction contre une évolution en cours, jugée contraire à des principes fondateurs et productrice d'effets néfastes »).

Il va à rebours de trop de mutations ayant affecté notre système politique depuis un demi-siècle : internationalisation des fonctions de souveraineté, fragmentation de la société, démembrement administratif, expansion des contre-pouvoirs, judiciarisation de la vie publique, tyrannie des médias et de l'opinion, transformation de l'État régalien en « État nounou », délitement de l'autorité, dégradation de la transmission, effacement de l'intérêt général derrière les droits individuels et le marché, mis à mal de l'élitisme républicain (qui s'emploie à ce que chacun aille au bout de ses possibilités, sans ignorer que celles-ci diffèrent) par un égalitarisme artificiel et acrimonieux dont les maîtres mots sont quotas et discrimination positive...

Peut-on remonter une telle pente ? Tout cela n'est-il pas irréversible ? L'évolution des sociétés politiques, comme celle des systèmes physico-chimiques, n'est-elle pas soumise à une loi d'entropie ? On peut le craindre. Attention toutefois à ce que le fatalisme ne devienne l'alibi commode du renoncement. Des reconquêtes sont possibles, comme nous l'a montré, par exemple en 1985, Jean-Pierre Chevènement en rétablissant le concours général des lycées et collèges suspendu en 1968. Qui veut risquer sa vie la sauvera. Qui plus est, l'avenir, en approfondissant la crise actuelle (qui est en grande partie une crise de la confiance en l'État), peut convaincre les esprits de la nécessité de renverser des tables. Il faudra alors un cap et des repères à proposer à notre peuple et à opposer aux démagogues et apprentis sorciers de tout poil.

La question territoriale

Benjamin Morel

Dans son discours à Grasse le 3 septembre 2000, Jean-Pierre Chevènement remarque : « Comment expliquer que des députés corses puissent faire la loi à Paris et qu'elle ne s'applique pas en Corse ? La loi doit être la même pour tous. On prétend rompre avec l'uniformité. On rompt en réalité avec l'égalité. Ainsi s'ouvre une brèche préoccupante pour la République tout entière. J'ai évoqué l'effet "*I love you*", du nom du virus informatique, pour décrire l'inévitable effet de contagion. Ce qui est en cause, c'est la définition de la France comme communauté de citoyens. Revenir à une définition par l'origine serait une terrible régression. La République n'est pas une parenthèse à refermer dans notre histoire. » Bien des inquiétudes ainsi exprimées se sont aujourd'hui révélées justes sans que l'État ne réinterroge le chemin emprunté. En 2017, une Collectivité unique a été créée en Corse à qui le président de la République a promis « l'autonomie ». En Alsace, une collectivité européenne a été créée en 2019 et l'assemblée de Bretagne est une thématique récurrente des discours politiques. Une fracturation communautaire du pays s'est ainsi progressivement opérée, contre l'égalité républicaine. Loin d'être immunisée par deux siècles de centralisation, la France a surtout été désensibilisée. Le taux de Bretons se déclarant bretons avant d'être français est passé de 19,2 % en 1990 à 30,7 % en 2000 et 38 % en 2019[1]. La Corse est aujourd'hui la région européenne où le total des scores des partis ethno-régionalistes est le plus élevé, loin devant la Catalogne, la Flandre ou l'Écosse. En 2021, ils ont réuni sur leur nom, au premier tour des régionales, 57,70 % des voix, 67,98 % au second. En 2010, les listes nationalistes n'avaient obtenu que 27,76 % au premier tour et 35,74 % au second.

Pour comprendre comment nous en sommes arrivés là, il faut remettre des mots sur les phénomènes et ne pas confondre petites patries et communautarisme ; saisir les dynamiques des modèles territoriaux qui fragilisent aujourd'hui l'indivisibilité de la république.

L'offensive des idéologies contre les cultures locales

Pour les nationalistes corses, en 2000, comme pour la majorité insulaire ou beaucoup en Bretagne ou Alsace, les cultures locales sont en réalité très secondaires. Elles ne sont qu'un levier, une instrumentalisation politique et idéologique. L'histoire de ce détournement est ancienne. D'abord le fait des ultras durant la Restauration, le comte d'Artois publie alors un journal nommé *La Décentralisation*, une vision caricaturée des cultures régionales est ensuite reprise par les élites urbaines de grandes villes de provinces qui les connaissent peu mais s'en font les promoteurs impérieux à dessein de fonder leur légitimité face à Paris. Repris par Maurras qui y voit la défense du pays

1. Région Bretagne, « Sondage d'opinion auprès des Bretons sur la citoyenneté européenne et le sentiment d'appartenance à l'Europe », *TMO régions*, décembre 2019.

réel contre le pays légal, ce combat conduira à la mise en place de ce contre-récit et des nouveaux symboles. Les langues sont unifiées et simplifiées.

En Alsace, on fusionne les dialectes haut-mosellan et alémanique en une langue unique dont la forme écrite demeure l'allemand. En Corse, on impose le dialecte toscan du Nord sur le dialecte sarde parlé dans le Sud. En Bretagne, les dialectes sont fusionnés et tous les apports du latin et du français sont expurgés au profit de mots importés du Pays de Galles. Comme les nouveaux militants locuteurs n'ont souvent pas grandi dans ces langues, ils imposent des structures idiomatiques françaises énoncées dans des mots gallois ou italiens, dénaturant à tel point les langues qu'elles sont souvent incompréhensibles pour les locuteurs natifs. À Rennes ou à Nantes, on n'a jamais parlé breton, mais gallo. Cette langue d'oïl n'est pourtant pas vue comme légitime et est donc remplacée par un breton servant à la double signalisation et à l'enseignement alors que l'on invente des noms bretons n'ayant jamais existé pour désigner les communes. L'influence de ces courants idéologiques ne se borne pas à la langue. Le drapeau basque a été créé par Sabino Arana, le fondateur du Parti nationaliste basque, sur le modèle de l'*Union Jack*[1]. Arana souhaitait interdire les mariages entre Basques et non-Basques pour des raisons raciales. Le drapeau breton a lui été inventé par Morvan Marchal, qui écrivait pourtant dans le journal antisémite *Breiz Atao* et souhaitait « reconstituer une civilisation nationale sur le

---

1. Daniele Conversi, *The Basques, the Catalans, and Spain : alternative routes to nationalist mobilization*, Londres, Hurst, 1997.

James Anderson, « Separatism and devolution: the Basques in Spain », in Michael Chisholm, David M. Smith (dir.), *Shared space, divided space, essays on conflict and territorial organization*, Londres, Routledge, 1990, p. 135-156.

vieux fond racial et traditionnel[1] ». « Bro gozh ma zadoù », adopté en 2021 comme hymne officiel breton, est une ode à l'indépendance composée par François Jaffrennou qui, outre un antisémitisme peu subtil, se gardait des « Parisiens et autres nègres français qui n'ont plus ni traditions, ni langue, ni esprit racial[2] ». Au-delà des symboles, c'est aussi une histoire et des idéologies qui sont alors passées de courants d'extrême droite dans les années 1920 à la promotion des identités locales qui ont peu à voir avec les petites patries mais sont en fait des reconstructions politiques et idéologiques de cultures souvent idéalisées par des militants politiques. L'ensemble fait pourtant aujourd'hui l'objet d'une promotion importante par les collectivités territoriales voire par l'État, confondant mémoire locale et mémoire militante. L'université de Corte est allée jusqu'à nommer l'un de ses amphithéâtres Acquaviva en l'honneur d'un plastiqueur du FLNC mort en mission.

La consécration du communautarisme contre la république

L'autre chemin est celui de la montée en puissance des communautarismes. Si le régionalisme ne se fonde pas sur le vieil holisme issu des cultures locales, il repose sur la projection d'individus dans des communautés subjectives conduisant, au nom de la reconnaissance de ces cultures, à exiger des droits propres. C'est justement là la définition

1. Cité par Françoise Morvan, *Le Monde comme si*, Paris, Actes Sud, 2005, p. 216 ; *Breiz Atao*, mars 1925, p. 536 ; sur la pensée de Marchal, voir aussi Fransez Debauvais, *Mémoires du chef breton commenté par sa femme*, t. I, Rennes, Compte d'auteur, 1975, p. 97-98.

2. « Les métèques », *Breiz Dishual*, 10 avril 1913, p. 4.

juridique du communautarisme. Juridiquement, la notion de communauté n'a jamais été définie autrement que comme une union d'État (Communauté française de 1958, Communauté économique européenne...). Sa seule mobilisation qui permettrait de définir le communautarisme a été posée par le Conseil constitutionnel dans sa décision du 15 juin 1999 sur la Charte européenne des langues régionales ou minoritaires, soit « la reconnaissance de droits collectifs à des groupes définis par une communauté d'origine, de culture, de langue ou de croyance ». C'est justement ce qui est réclamé aujourd'hui par les nationalistes corses, bretons ou basques qui, au regard d'une identité culturelle, exigent un pouvoir normatif, voire législatif, et un statut particulier au sein de la République. Ainsi passe-t-on d'une idéologie, souvent promue par les collectivités territoriales, à l'exigence d'un droit particulier au sein de la République. Or, le communautarisme n'est pas soluble dans la pensée républicaine. L'article 1 de notre Constitution énonce que « la France est une République indivisible, laïque, démocratique et sociale. Elle assure l'égalité devant la loi de tous les citoyens sans distinction d'origine, de race ou de religion. Elle respecte toutes les croyances ». Ce n'est pas tant en se fondant, comme on le dit souvent, sur le fait que la langue de la République est le français, mais sur ces derniers mots que le Conseil a rejeté la ratification de la Charte européenne des langues régionales. « Sans distinction d'origine, de race ou de religion » signifie que l'universalisme républicain interdit de reconnaître à des groupes des droits singuliers au nom d'une identité. À défaut, on ouvre la voie à un mouvement qu'il sera difficile d'arrêter.

Les principes sont des digues. Inscrits dans le droit, ils ne sont pas là pour embêter le politique mais pour empêcher qu'une multitude de pressions, se transformant en exceptions, ne finisse par emporter la République. Aucune culture n'étant plus ou moins indigne qu'une autre, le principe d'égalité doit conduire à accorder les mêmes droits à chacune. Comment refuser aujourd'hui l'installation d'écoles immersives en arabe dialectal financées avec des fonds publics ? Qu'opposera-t-on à cette création ? Que l'on n'a historiquement jamais parlé arabe en Seine-Saint-Denis ? Pas plus que le néobreton à Nantes ou Rennes. Que le nombre de locuteurs de cette langue sur le territoire est trop faible ? Il est plus important que le nombre de locuteurs de néobreton en Ille-et-Vilaine. Que ce serait là un acte de séparatisme ? Ah… eh bien justement… De même, si demain un pouvoir législatif devait être accordé à la Corse, rompant avec toute notre conception du droit depuis la nuit du 4 août 1789 faisant de l'unité du législateur le fondement de l'indivisibilité, que dirons-nous à ceux qui demandent que la loi s'adapte à leur différence ? Tous les révolutionnaires, monarchistes comme républicains, jacobins comme girondins étaient d'accord avec un principe qui garantissait que celui qui vote la loi ne puisse s'en exempter. C'est l'un des acquis essentiels de la pensée des Lumières que ne remirent en cause ni les Bonaparte ni Charles X. Il ne connut que deux exceptions : Vichy et la colonisation. Comment défendre cette unité quand elle sera ébréchée pour complaire à une communauté ? Lors des débats sur la charte européenne des langues régionales, nombreux sont ceux à s'être inquiétés que cette dernière ne serve d'instrument pour la reconnaissance des cultures issues de l'immigration. Ses défenseurs, souvent de gauche, s'époumonaient alors à dire que ça ne serait pas le cas. Ce faisant, ils reconnaissaient non seulement des communautés, mais décidaient même de les hiérarchiser, ce qui est là la définition même du racisme.

L'engrenage de la différenciation territoriale mortifère pour la Nation

La politique comparée montre que ce n'est pas la décentralisation mais la différenciation territoriale qui risque de s'avérer le tombeau de la République. En effet, les vieux États fédéraux sont stables. C'est surtout parce qu'ils ont cédé à certains mouvements régionalistes en mettant en place un modèle de décentralisation asymétrique que les États unitaires, dont certains ont fini par prendre une forme fédérale, ont été fragilisés. Les politiques, dites en France de « différenciation territoriale[1] », induisent un lien entre des compétences et des statuts à géométrie variable d'un côté, des identités subjectives de l'autre. La majorité des pays fédéraux, comme l'Australie, l'Autriche, les États-Unis, l'Allemagne et la Suisse, reposent également sur une asymétrie très faible[2]. Le modèle différentialiste a en revanche été appliqué en Espagne, au Royaume-Uni et en Italie. Il y a entraîné un effet d'engrenage, conduisant à tisser un lien entre reconnaissance d'une identité et obtention d'un statut plus autonome. Si un statut de plus grande autonomie est reconnu à une autre région, alors l'identité n'est pas assez

1. Benjamin Morel, « La différenciation territoriale, émergence sans bruit d'un nouveau paradigme », *Revue du Droit public*, n° 4, 2022, p. 1053-1080 ; Morel Benjamin, « Décentralisation asymétrique et stabilité des États », *Revue Française de droit constitutionnel*, n° 122, 2022, p. 837-860.

2. Bernard Dafflon, « The assignment of functions to decentralised government : from theory to practice », in Ehtisham Ahmad, Giorgio Brosio, *Handbook on Fiscal federalism,* Edward Elgar, Cheltehan, 2006, p. 271-305.

respectée. Il convient donc d'obtenir ce même statut. Le jour même où Emmanuel Macron prononçait un discours devant l'Assemblée de Corse, le 28 septembre 2023, le président de la région Bretagne remettait un rapport sur l'autonomie à Élisabeth Borne. Les nationalistes corses prennent comme référence la Nouvelle-Calédonie qui est juridiquement un territoire en voie de décolonisation où le suffrage universel a été mis entre parenthèses et où l'on paie en franc Pacifique. Les Bretons et les Alsaciens, attirés par le modèle corse qui a la plus grande autonomie en métropole, veulent copier un régime pensé explicitement pour une « île-montagne » méditerranéenne. Cette course à l'échalote répond aux mêmes dynamiques qu'ailleurs en Europe.

En Grande-Bretagne déjà, les Gallois avaient voté d'un cheveu la dévolution (51 %) avec un statut de moindre autonomie que celui des Écossais. Quelques années plus tard, l'obsession de la vie politique galloise était de ne pas apparaître comme des sous-Écossais et d'obtenir le même statut pour que le Pays de Galles soit reconnu, ce qu'ils obtinrent en 2011. Les Écossais ne voulant pas devenir des Gallois comme les autres exigèrent alors un statut de plus grande autonomie, ce qu'ils obtinrent. Cela frustra les Gallois qui exigèrent un nouveau statut à l'écossaise, ce que ne supportèrent guère les Écossais qui organisèrent alors un référendum sur l'indépendance[1]. En Espagne, la reconnaissance des nations catalane et basque, au sein de la Deuxième République espagnole, signe le début d'un processus de diffusion du régionalisme dans la péninsule. C'est en particulier le cas, dès cette période, en Galice, en

1. Voir Frans Schrijver, *Regionalism after regionalization : Spain, France and the United Kingdom*, *op. cit.*, p. 342.

Andalousie et dans la région de Valence[1]. Le statut de communauté autonome donné aux régions à forte personnalité historique a conduit, après l'épisode franquiste, l'Andalousie à exiger qu'il en soit de même pour elle. Au bout du compte, c'est l'ensemble des communautés autonomes qui ont choisi de copier le modèle prévu pour les nationalités. Un tel alignement est évidemment difficilement tolérable pour les territoires aux statuts plus anciens qui se trouvent alors normalisés, et donc moins bien reconnus dans l'incomparable spécificité de leur identité singulièrement unique. Cela a notamment poussé la Catalogne à négocier en permanence avec l'État central le transfert de nouvelles compétences (éducation, police...), se sentant reléguée par l'évolution des communautés autonomes[2]. Entre nations historiques également, la concurrence est de mise. La possibilité pour le Pays basque de lever directement l'impôt sans passer par l'administration fiscale espagnole est ainsi vue comme une vexation par les Catalans.

Lorsque Jean-Pierre Chevènement démissionna le 29 août 2000, il fut facile à beaucoup d'élites parisiennes ne connaissant ces territoires qu'en touristes de pointer l'intolérable intolérance d'un jacobin qui pourtant tenait à inclure quelques mots en franc-comtois lors de ses discours à la mairie de Belfort. L'idéalisation des provinces, apanage naguère des ultras, est devenue un snobisme qui, mêlé à une technocratisation extrême des structures, a mené la décentralisation dans une impasse et le pays dans une zone

1. Luis Moreno, Ana Arriba, Araceli Serrano, « Multiple Identities in Decentralized Spain : The Case of Catalonia », *Regional & Federal Studies*, 8/3, 1998, p. 67.

2. Mathieu Petithomme, « La Catalogne, du nationalisme à l'indépendantisme ? Les enjeux d'une radicalisation », *Critique internationale*, 75, 2017, p. 133-155.

dangereuse. Plus que jamais il convient de tenir la promesse républicaine, celle passant par l'égalité et le service public ; non pas celle de la République des territoires, mais de la République sur l'ensemble du territoire.

L'école, la France et la nation

Souâd Ayada

Dans les gazettes et dans les dîners en ville, chez les puissants et les simples, la déploration de l'état de l'école est devenue en France une sorte de sport national. Déboussolés, les Français sont de plus en plus nombreux à chercher des espaces qui sauveraient leurs enfants du désastre. Ceux qui résistent à l'accablement sont souvent ceux qui nient l'évidence et préfèrent se réfugier dans des combats de façade – contre les inégalités et pour la mixité sociale – qu'ils placent au-dessus de tout, surtout au-dessus de la vocation première de l'école. Mais le goût pour l'euphémisme, si prisé par nos élites, ne saurait masquer le complexe de problèmes qui se nouent aujourd'hui autour du nom *école*. La première difficulté pour qui veut sérieusement s'occuper de la chose, c'est de faire la recension complète de ces problèmes et de déterminer celui qui offrira une prise sur les autres. La tâche est rude, elle en a rebuté plus d'un et elle a conduit à l'échec de ministres valeureux. Sans doute les plus avisés d'entre eux avaient-ils quelques raisons de concevoir leur fonction comme un simple effort pour retarder les effets d'un mouvement inéluctable de décomposition.

Une école défaite, une école de la défaite

Seul un diagnostic lucide, qui ne laisse pas le soin d'énoncer des vérités à ceux qui n'ont pas le pouvoir, ouvrira l'horizon d'un redressement, si du moins la volonté politique est au rendez-vous. Notre école est aujourd'hui défaite, livrée à ce qui, de l'intérieur, la décompose, et exposée à ce qui, de l'extérieur, veut la détruire[1]. La vision de l'homme sur laquelle elle s'est historiquement appuyée semble épuisée. Nous assistons, impuissants, à l'exténuation d'un modèle et sommes bien en peine de répondre à des questions aussi élémentaires que celles qui portent sur la finalité de l'école, sur son principe unificateur, sur la destination que lui assigne la nation. Certes, on y accueille des enfants de plus en plus tôt et on y occupe des jeunes gens qu'on veut garder dans le giron scolaire le plus longtemps possible[2]. Mais pour quoi faire exactement ? Dans quel but qui relèverait des pouvoirs et des devoirs de l'école, et qui ne serait pas encore une façon de colmater les brèches que les maux de la société ont ouvertes partout en elle ?

L'école française est le théâtre de tous les renoncements. Pour l'adapter à un corps social que l'on a laissé s'enfoncer dans l'individualisme et le communautarisme, et pour tenter d'apaiser les conflits d'un type nouveau qu'il engendre, on a frappé de nullité les idéaux régulateurs qui la guident. L'école n'est plus seulement défaite, elle est aussi l'école de la défaite. Désarmée, elle n'est pas sans faire écho à

1. Voir notre entretien dans *Marianne* du 20 octobre 2020 : « Il faut défendre l'école contre tous ses ennemis ».

2. Depuis 2019, l'instruction est obligatoire à partir de l'âge de 3 ans. Depuis 2020, les jeunes de 16 à 18 ans qui ont quitté le système scolaire sont dans l'obligation de se former.

L'Étrange Défaite dont témoignait Marc Bloch en 1940. La même impuissance, faite de bureaucratie et de dilution de la responsabilité, dessine un fil transhistorique où se forme le malheur français[1]. C'est l'amertume de la défaite que nous devons avaler quand un proviseur est poussé à la démission pour avoir voulu appliquer la loi dans son établissement[2]. On aura beau user de tous les trucages rhétoriques, nul n'est dupe de ce qui a réellement lieu : une défaite et la déposition d'un vaincu[3]. C'était le venin de la défaite qui, le 13 octobre 2023, jour de l'assassinat de Dominique Bernard, reprenait le pouvoir sur nous, révélant la victoire de l'ignorance et de la laideur sur ce qui s'offrait comme son meilleur antidote, la vérité et la beauté de la littérature. C'était le poison de la défaite qui, le 16 octobre 2020, jour de l'égorgement de Samuel Paty, se diffusait dans la moindre parcelle de l'école. Comme si la mise à mort d'un professeur ne suffisait pas, il a fallu s'accuser de tenir à une liberté d'expression qui pourtant passait jusque-là pour la condition de l'enseignement. Certains ont même trouvé des raisons à ceux qui exècrent la conception de la liberté qui soutient notre école. Étrange chose que le génie français de notre temps, qui veut que l'on devienne l'ennemi de soi-même faute de distinguer le véritable ennemi et de le combattre.

La décapitation du professeur d'histoire-géographie, non loin du collège où il enseignait, a révélé au grand jour l'ampleur de la défaite. A-t-on saisi la nature véritable de ce

1. Voir Marcel Gauchet (avec Conan Éric et Azouvi François), *Comprendre le malheur français*, Paris, Stock, 2016.

2. Menacé de mort après avoir demandé à une élève de retirer le voile qu'elle portait dans l'enceinte de l'établissement, le proviseur du lycée parisien Maurice Ravel a quitté ses fonctions le 26 mars 2024.

3. Voir Marc Bloch, *L'Étrange Défaite*, Paris, Franc-Tireur, 1946.

qui se dévoilait à nous et qui porte bien au-delà de l'école ? Nous n'avions pas tort de rappeler la contestation continue, ici et là, depuis des années, des valeurs de la République et de la laïcité. Mais était-ce là atteindre l'essentiel, c'est-à-dire ce qui permet de comprendre un effondrement entraînant avec lui tout ce qui constitue l'école comme telle ? Qu'on la conçoive comme une plaque sensible ou comme un miroir grossissant, elle témoigne de l'état du corps social. Notre école manifeste tous les symptômes d'un corps social malade auquel la politique rechigne à s'appliquer, faute de clarté dans la pensée, de fermeté de la volonté et de cap clairement défini. Elle prend de plein fouet la faillite de l'autorité de l'État ; elle ne se remet pas de la fin de la politique que s'est résolu à désirer un peuple comblé par les jouissances démocratiques, et dont le programme a été achevé par une manière de faire de la politique, toute technocratique et gestionnaire.

Nul mieux que Charles Péguy n'a cerné cette configuration où l'école exprime l'état d'une société, voire d'une civilisation. Voici ce qu'il écrivait en 1904 : « Les crises de l'enseignement ne sont pas des crises de l'enseignement ; elles sont des crises de vie [...] ; les crises de vie sociales s'aggravent, se ramassent, culminent en crises de l'enseignement, qui semblent particulières ou partielles, mais qui en réalité sont totales, parce qu'elles représentent le tout de la vie sociale ; c'est en effet à l'enseignement que les épreuves éternelles attendent [...] ; les changeantes humanités ; le reste d'une société peut passer, truqué, maquillé ; l'enseignement ne passe point [...] ; quand une société ne peut pas enseigner, c'est que cette société ne peut pas s'enseigner ; c'est qu'elle a honte, c'est qu'elle a peur de s'enseigner elle-même ; pour toute humanité, enseigner, au fond, c'est s'enseigner ; une société qui n'enseigne pas est une société qui ne s'aime pas ; qui ne s'estime pas[1]. »

La fin d'un récit fondateur

Ces propos ont aujourd'hui un écho retentissant. Il faut chercher la cause du malheur scolaire français dans l'affaiblissement de la France, dans ce qui limite l'exercice de sa souveraineté, dans ce qui démonétise l'idée républicaine et, avec elle, ce qui s'offre aux citoyens comme pôle pour la nation. Il faut aussi s'interroger sur le moment historique que nous vivons, celui de l'effacement du récit fondateur qui associait étroitement l'école et la France. Que reste-t-il de l'imaginaire collectif qui s'est formé sous la IIIe République, quand la nation voyait dans son école sa plus parfaite expression, son institution la plus efficace et le meilleur moyen de se perpétuer ? Revenons sur la nature de ce lien dont on ne saurait accepter la disparition sans prendre la mesure de ce qui disparaît avec lui.

Dans tout État-nation, le corps social tisse des relations avec l'école. La France préexiste à son école et elle s'est construite, comme nation, par la politique, singulièrement par la politique intérieure. L'école n'a pas créé la nation française, c'est la nation qui a créé l'école et l'a faite « à son image ». C'est comme démocratie et comme république que la nation française a institué son école. Publique, gratuite et obligatoire, celle-ci a pour but de former des individus libres et des citoyens égaux liés les uns aux autres au point de se reconnaître dans une chose commune. La

1. Charles Péguy, *Pour la rentrée* [1904], in *Œuvres en prose complètes*, vol. 1, Paris, Gallimard, coll. « Bibliothèque de La Pléiade », p. 1390.

liberté et la citoyenneté, appelant l'égalité et la fraternité, constituaient alors les maîtres-mots d'une école qui se voulait le miroir et l'agent des principes de la nation.

Si, en France, la nation a fait l'école, celle-ci, en retour, a fait la nation française. Dans cette construction de l'unité, on ne soulignera jamais assez l'importance des programmes scolaires nationaux. Les programmes d'histoire retiennent particulièrement l'attention ; il ne faudrait pas sous-estimer le rôle de tous les autres enseignements dans la formation du sentiment d'appartenance à la nation. Il convient surtout de rappeler la contribution majeure de l'unification linguistique assurée dans et par l'école. Le français n'était pas seulement la langue de la République, il était aussi perçu comme la langue de la promotion sociale. Dans son usage obligé et réglé, une volonté politique rencontre et accomplit un désir immanent au corps social.

De la crise de la République à la crise de l'école

Comment expliquer que ce lien, qui attachait la France à son école, soit devenu ineffectif ? On trouvera des éléments de réponse dans la crise politique que connaît la France depuis des décennies et qui prend la forme d'une mise en question de l'idée républicaine et, avec elle, des fondations de la nation.

La faillite du modèle de l'assimilation constitue un ébranlement majeur. Le succès de modèles concurrents qui en sont la contestation explicite – l'inclusion, par exemple, qui veut que l'on définisse toute personne par sa différence et qu'on lui reconnaisse à ce titre le plein droit à la citoyenneté – sape les fondements mêmes de la République. Sous les revendications *des* communautés auxquelles les individus s'identifient de plus en plus, par leur origine et par leur religion notamment, *la* communauté nationale devient une réalité abstraite qui peine à susciter le désir et le sentiment d'appartenance. Des ressorts de la démocratie comme telle, la force de séduction des idées libérales qui veulent toujours limiter davantage l'autorité de l'État, et la volonté constante d'inscrire la nation dans des entités supranationales dont elle serait structurellement dépendante ont participé à l'affaiblissement de la République française.

L'abaissement continu du niveau scolaire des élèves, la perte de la valeur certificative des examens et la dégradation de la qualité de la formation des professeurs sont les signes patents de la crise de l'école. Celle-ci renonce à sa vocation et elle consent, pour être au diapason de la demande sociale, à l'extension et à l'émiettement de ce qu'il est convenu d'appeler aujourd'hui ses missions. L'enseignement n'y est plus, comme il l'était pour Charles Péguy, le moyen et la fin d'une élévation morale, intellectuelle et sociale de tous, aussi bien de ceux qui le dispensent que de ceux qui le reçoivent. Les professeurs ne partagent plus les convictions qui les faisaient appartenir à un corps. La société française a affaibli l'école et compromis sa dimension républicaine.

Il est rare que l'on évoque la pression qu'exerce sur notre système scolaire l'Europe telle qu'elle se manifeste aujourd'hui à nous à travers ses normes, ses valeurs et sa vision sociale-libérale. Pourtant, des injonctions venues d'instances européennes bousculent notre école pour la contraindre à se conformer, au nom des critères de convergence[1], à des représentations nées dans des modèles édu-

1. C'est au nom de ces critères de convergence que sera révisée l'organisation universitaire française (la réforme LMD prépare la création, en 2010, de l'Espace européen de l'enseignement supérieur) et que sera

catifs étrangers. Une novlangue, outil de communication pour des Européens gagnés à la néopensée américanisée, a supplanté la langue commune dont la simplicité était le signe de la clarté des idées. Dans les milieux où l'on s'occupe de l'école, tout est affaire d'« expertise » et de « pilotage » ; les inspecteurs n'inspectent plus, ils « accompagnent » et ils assurent des rendez-vous de carrière.

Si la maîtrise des savoirs reste l'essentiel de ce qui est attendu des professeurs, on propose dorénavant aux candidats à l'enseignement des épreuves qui ressemblent à des entretiens d'embauche. Tout est fait pour que chacun s'accoutume peu à peu à l'idée que les concours de recrutement sont une vieillerie française qui a fait son temps. Il ne s'agit plus, à l'école, de transmettre et d'instruire, il faut coconstruire les apprentissages et participer, au sein d'une communauté éducative élargie aux parents, à un façonnement global de l'enfant qui comprend aussi bien son éducation au développement durable que son éducation à la sexualité. Les connaissances ne sont plus ce qu'il faut acquérir, elles sont supplantées par les compétences ; la dernière mode est aux compétences psychosociales que notre école aurait exclues. Les programmes d'enseignement sont appelés à devenir des *curricula*[1]. Quant au métier de professeur, il est réglé depuis 2013 par un référentiel de compétences[2]. On n'évoque plus l'institution scolaire, on parle du service public de l'éducation.

---

conçu, en 2015, le Socle commun de connaissances, de compétences et de culture qui fixe les finalités de la scolarité obligatoire.

1. Alors que le programme est centré sur les contenus à enseigner, le curriculum, adopté par la majorité des pays européens, s'inscrit dans un projet global d'éducation plaçant l'apprenant au centre du système.

2. Le référentiel de compétences des métiers du professorat et de l'éducation prétend définir des objectifs et une culture commune en vue de favoriser la mobilité des enseignants.

Toutes ces transformations témoignent d'une conception globalisée de l'éducation, destinée à préparer les jeunes gens à s'inscrire, sans pas de côté, dans une société réglée par l'économie de marché. Sous l'emprise de l'Europe, l'école est chargée de veiller à la normalisation et à l'adaptation des individus pour qu'ils s'insèrent dans un monde où tout est flux et mobilité. Dans les questions scolaires aussi, nous avons renoncé à notre indépendance et, ainsi, défait le fil qui attachait notre école à une nation souveraine.

Restaurer le projet républicain pour réparer l'institution scolaire

Pour réactiver le lien substantiel qui unit la France à son école, il faut tout à la fois restaurer le projet républicain et réparer l'institution scolaire. Cela exige un travail intellectuel et une double critique : une critique scolaire de la société française qui fasse entendre les besoins et les visées propres de l'école ; une critique républicaine de l'école française qui l'inscrive dans une politique de libération. Cela demande que l'on envisage deux questions : Que veut aujourd'hui la France pour l'école ? Que peut aujourd'hui l'école pour la France ?

En France, l'école ne souffre pas des maux qu'on a coutume de lui attribuer : faiblesse des moyens humains et matériels, et inégalités criantes pour les uns, rigidité de ses structures et de son corps enseignant, absence de liberté et d'autonomie pour les autres. C'est essentiellement dans sa vocation qu'elle est atteinte, parce qu'elle ne se nourrit plus de l'intime conviction qu'elle œuvre au progrès, de tel élève et du pays tout entier, parce qu'elle ne satisfait plus le désir qui anime le corps social et qui va aujourd'hui vers d'autres jouissances que celles de l'esprit, parce qu'elle ne se conçoit plus comme la cheville ouvrière d'une grande tâche qui mobilise l'ensemble de la société et à laquelle tous ses agents adhéreraient. Notre rapport à la IIIe République est plein de mauvaise foi : nous retenons que l'amour de la patrie a été le fruit de l'œuvre scolaire, mais nous oublions que l'amour de l'école était alors au centre de l'œuvre nationale. La France d'aujourd'hui aime-t-elle vraiment son école ?

C'est en assumant sa vocation que l'école pourra quelque chose pour la France. Les professeurs, grâce aux disciplines qu'ils enseignent, ont même la capacité de la faire aimer, pourvu qu'ils ne cèdent pas aux semblants de la déconstruction et des discours hypercritiques, pourvu qu'ils acceptent la part d'édification qui accompagne tout enseignement véritable, pourvu qu'ils reconnaissent les vertus pédagogiques de l'implicite et qu'ils se donnent pour horizon de le mettre en partage. Il n'est pas sûr que les discours qui prônent unilatéralement l'enseignement explicite et les pédagogies actives, et nient la dimension implicite et passive inhérente à toute véritable transmission, soient les mieux orientés. Il n'est pas certain que la tendance à créer de nouveaux enseignements, prétendument en prise avec les réalités contemporaines et détachés des disciplines scolaires historiques, participe du renforcement de notre école.

Cinq propositions pour redresser l'école

Refaire de l'école une question intellectuelle et politique

L'école est aujourd'hui exposée à un double péril : d'un côté triomphe le discours politicien de courte vue qui en fait un enjeu de communication où l'on s'affronte à coups de slogans ; de l'autre, elle est réduite à une question de pure administration technocratique où les seuls problèmes qui se posent sont ceux que règlent la gestion des ressources humaines et un management centré sur la conduite du changement. L'école doit redevenir une chose de pensée et une chose publique.

Créer un grand ministère de l'Éducation nationale et de l'Enseignement supérieur

Les découpages ministériels actuels rendent impossible une vision globale de l'enseignement, pourtant nécessaire pour offrir à tous une formation cohérente. Un ministère unifié permettrait de construire cette vision et de concevoir une formation des professeurs ajustée qui échappe aux tiraillements incessants entre les besoins de l'enseignement scolaire et les prétentions d'un enseignement supérieur tourné vers la seule recherche.

Repenser les contenus et les finalités de l'enseignement professionnel

Depuis la création du baccalauréat professionnel en 1985, la voie professionnelle a subi de multiples transformations qui n'ont fait que brouiller ses contours et sa destination. Il conviendrait de réinstaurer un secrétariat d'État spécifiquement dévolu à l'enseignement professionnel, rattaché au ministère de l'Éducation nationale et de l'Enseignement supérieur, dont la mission serait de coordonner la scolarisation, la formation professionnelle et l'élévation du niveau de diplôme.

Refonder la formation des maîtres

Depuis la réforme de 2010 dite de mastérisation, le niveau de recrutement des professeurs est passé de la licence (bac + 3) au master (bac + 5). Cette réforme n'est pas adaptée aux enseignants du premier degré pour lesquels il faudrait concevoir des parcours universitaires spécifiques, d'une durée de trois ans, étroitement déterminés par la nature de l'enseignement qu'ils auront à dispenser. Les concours de recrutement, centrés sur la maîtrise des disciplines scolaires, doivent être consolidés ; la formation continue, revisitée pour devenir une authentique professionnalisation, doit être renforcée.

Réviser les principes et les modalités de l'orientation des élèves

Pour que l'enseignement général cesse d'attirer des élèves sans disposition pour les savoirs théoriques et qui rencontreront de grandes difficultés à l'université, pour que l'enseignement professionnel devienne une voie désirable et cesse d'être celle à laquelle on condamne les élèves qui ne suivront pas des études générales, il conviendrait d'introduire dès le milieu du collège des parcours différenciés amenant les élèves à choisir entre trois voies d'enseignement : un enseignement professionnel ouvrant sur une insertion professionnelle dès l'obtention du baccalauréat ; un enseignement professionnel qui se prolonge dans une formation professionnelle supérieure de trois ans et qui débouche sur une insertion professionnelle ; un enseignement général orienté vers la poursuite d'études supérieures au sein des universités.

Trouver un chemin de raison pour l'école de la République

Matthieu Lahaye

Force est de constater qu'en dépit des alternances politiques depuis plus de trente ans, la multiplicité des réformes et des projets pédagogiques proposés, sans doute moins divers qu'on ne le pense, n'ont pas permis de répondre à la chute des résultats des élèves, avec une exception notable à partir de 2017. Les effets de balanciers dans la politique éducative qui ont donné si peu de résultats ne sont non seulement plus souhaitables mais tout simplement plus acceptables pour le 1,2 million de personnels.

L'ensemble des évaluations nationales et internationales racontent la même histoire : une baisse continue du niveau des élèves depuis trente ans en français et en mathématiques avec un rebond depuis 2017. Rien ne sert d'égrener la longue litanie des faits qui, il faut dire, sont de plus en plus partagés et acceptés – et on ne peut que s'en réjouir : baisse générale du niveau, baisse du nombre des élèves les plus performants et élargissement continu du nombre d'élèves moyens avec un déterminisme sociologique toujours plus fort alors que précisément l'école sert à ne pas transformer des inégalités sociales en inégalités scolaires. Les performances en orthographe des élèves de CM2 sont en baisse constante depuis 1985. La même dictée de la direction des études, de la prospective et de la performance (DEPP) donnée aux élèves à 35 ans d'intervalle montre qu'en 2022, les élèves de CM2 font plus de 20 fautes en moyenne quand leurs prédécesseurs de 1987 en faisaient 10, le nombre d'élèves excellents s'étant atrophié. Les performances des élèves de CM1 et 4e en mathématiques et en sciences placent la France à la dernière place de l'UE en résolution de problème (TIMMS 2019). 50 % des élèves ignorent en 6e que 5/10 est égal à 1/2 et en 2de que $(1/2)^2$ est égal à ¼, comme l'indiquent les évaluations de 2022. Prenons PIRLS, qui mesure la performance en français des élèves de CM1, en 15 ans, entre 2001 et 2016, la part des élèves avancés a été réduite presque à rien de 7 % à 4 %, contre 12 % dans l'UE. En 2021, la France augmente pour la première fois ses résultats. Et notamment là où nous savions que les élèves français rencontraient des difficultés, la compréhension de l'implicite des textes par exemple.

En outre, le climat scolaire, fortement corrélé à la réussite, est dégradé dans nos écoles. Cette situation est le véritable terreau du harcèlement. 41 % des élèves de l'école primaire déclarent avoir subi une moquerie ou une insulte à l'école primaire durant l'année 2020-2021. 4 élèves sur 10 âgés de 15 ans relèvent un climat de classe difficile.

Cette situation est le résultat de la pauvreté du débat éducatif en France qui est hypothéqué en permanence par des enjeux politiques parfois très éloignés en réalité de la fonction de ce ministère, non pas changer la société, mais instruire et éduquer des générations entières qui, plus humaines, seront en mesure de construire des sociétés ingénieuses, responsables, paisibles à l'intérieur et intéressées par la défense de son existence par-delà les siècles. Ce qui est demandé à l'Éducation nationale, faute de priorisation parfois, confine à l'impossible, l'étourdit, disperse ses forces et l'empêche de remporter une victoire décisive dont elle a tant besoin pour reprendre confiance en elle.

Malheur à l'école que chacun croit connaître pour y être passé et que beaucoup de gens ignorent faute de travailler, de s'y intéresser franchement, de lire des rapports, les études nationales et internationales. Ici ou là, certains grands défenseurs historiques du modèle scolaire français (80 % des dépenses pour l'école publique et 20 % pour l'école privée sous-contrat), bien différent des autres pays européens, se laissent parfois aller au découragement et il m'est arrivé d'entendre un ancien ministre envisager la mort de l'école en espérant qu'elle renaisse plus vigoureuse de ses cendres. Voilà où nous en sommes ! Un sacrifice suivi d'une résurrection qui, tout bien considéré, n'est jamais certaine !

Or des pays ont su répondre aux défis de l'élévation du niveau des élèves. On pense au Portugal, à l'Angleterre sur l'apprentissage de la lecture, à l'Estonie aussi et à la Pologne sans évidemment évoquer les exemples asiatiques. La démarche a toujours été la même : partager un état des lieux par des données objectives grâce à des tests standardisés, ensuite s'accorder sur des programmes très exigeants fondés sur la recherche en éducation et l'évaluation régulière des élèves et des unités d'éducation. À l'autorité centrale, la définition de la norme et l'évaluation du système ; et aux régions ou unités d'enseignements, la responsabilité de mettre en œuvre et d'obtenir des résultats.

C'est bien la dynamique qui a été mise en place depuis 2017 en France avec d'une part l'instauration d'évaluations nationales, à partir de l'année prochaine à tous les niveaux entre le CP et la seconde, une définition de normes pédagogiques adossées aux travaux scientifiques les plus récents grâce notamment à l'institution d'un Conseil scientifique de l'Éducation nationale avec à sa tête un scientifique mondialement reconnu : Stanislas Dehaene. Seul un approfondissement de cette politique peut espérer transformer le destin des élèves français car un système éducatif, et ce sont les exemples étrangers qui nous le montrent, commence à se transformer au bout de dix ans d'action et se modifie durablement en vingt ans.

J'aimerais ici indiquer les débats nécessaires que nous devons avoir et que nous évitons trop souvent. Ce débat ne poursuit qu'un seul objectif, le progrès des élèves. Ce débat conjure une peur, la tentation de l'irrationalité.

Les non-dits du débat éducatif

Le système éducatif est un système conçu pour transmettre le même savoir à tous les élèves français là où ils se trouvent, de Dunkerque à Mamoudzou et de Saint-Laurent-du-Maroni à Strasbourg et, dans une certaine mesure, jusqu'à Wallis-et-Futuna. Et en cela, il faut souligner sa performance à aligner tous les jours 800 000 professeurs devant 13 millions d'élèves, à recruter ses professeurs (20 000 par an) et assurer leur mobilité, et à émettre 1,2 million de fiches de paye chaque mois. En somme l'Éducation nationale sait fixer des heures d'enseignement, des programmes et des examens et recruter. Voilà comment a été conçu notre système, avec une philosophie universelle. Le débat politique fait souvent abstraction de cet héritage et se plaît à rêver à changer telle ou telle partie du système sans action systémique. Faute de toujours assumer un projet clair, et pour dépasser les forces de blocage qui peuvent être importantes, la tentation peut être de créer des déséquilibres successifs pour désorganiser le système et l'obliger à changer.

Ce n'est ni souhaitable démocratiquement ni pertinent pour le dialogue social car cela nourrit le discours très répandu dans ce ministère que je qualifie de la « Grande peur ». Effrayer sur les prétendues intentions cachées, qui sont souvent des implicites il est vrai des ministres successifs, n'est tout simplement pas à la hauteur du débat éducatif.

Quelles priorités pour l'école ? Il n'y a pas de raison que l'Éducation nationale puisse faire plus que la totalité des heures effectuées par ses personnels et par les élèves. Mobiliser les écoles sur tous les sujets, l'écologie, le sport, le droit, l'économie financière ne sert qu'à nourrir des réunions, produire des courriels, et détourner tout le monde de son travail. Il faut choisir ! Il n'est pas possible de tout faire ! Une pensée magique consiste à penser que l'administration fera toujours, que c'est un puits sans fond de travail...

La transformation de nos sociétés

L'Éducation nationale travaille avec des jeunes dont les parents n'ont plus les mêmes représentations que jadis. Dans notre société beaucoup plus individuelle, beaucoup plus riche, plus éloignée que jamais d'une société de « discipline » conçue pour la guerre, les rapports d'autorité sont à réinventer. Pour cela, il est indispensable de considérer que la jeunesse n'est en aucune manière une essence, mais bien une construction sociale, et que la pauvreté n'est pas une fatalité. Il est vrai que le discours victimaire est très puissant dans nos sociétés au point de constituer une stratégie de pouvoir d'une rare force pour ceux qui l'utilisent et une puissante chape de plomb pour ceux qui sont enfermés dans ce statut. Il est aussi bon de ne pas minorer les défis demandés à l'école avec la scolarisation de plus en plus d'élèves allophones et l'augmentation du nombre d'élèves à besoins particuliers.

Dernier point de déni dans le débat éducatif : la réalité du métier de professeur. Je ne sais pas s'il y a un métier qui a subi plus de remises en cause et de dévalorisation sociale que celui-là. Symptôme d'une société de « méfiance », d'un système éducatif trop peu performant qui peine à faire réussir tous ses élèves, nous assistons à un véritable déni de la complexité de ce métier qui consiste à instruire et à éduquer les élèves, ce qui nécessite de mobiliser des connaissances et d'innombrables gestes professionnels.

Les débats que nous devons avoir

Il existe des pédagogies efficaces et d'autres qui le sont moins. Ainsi, une équipe de professeurs ainsi que les responsables de l'école et des collèges doivent-ils se considérer comme responsables des résultats de leurs élèves ? Ces résultats devraient-ils être constatés par un conseil de l'évaluation de l'école qui pourrait être doté d'une équipe de 200 inspecteurs, capables d'évaluer la pertinence des organisations et la qualité de la pédagogie dispensée sur la base notamment d'observations et de données probantes tels que les résultats des évaluations ? C'est particulièrement vrai pour l'enseignement des comportements attendus au regard des règles de vie commune qui appelle un travail pédagogique en profondeur et une définition de normes à diffuser dans l'ensemble des écoles et établissements. La situation est préoccupante et ne pourra pas se régler par la simple interdiction du portable au collège, ce qui est déjà le cas, ou de lutte contre le harcèlement, si nécessaire, mais qui n'est que la partie émergée de l'iceberg d'un travail de fond à entreprendre pour éduquer les enfants.

Renforcer le métier de professeur

C'est la clef du débat. On peut le déplorer, on peut l'accepter, on peut le refuser, il est clair qu'il est demandé beaucoup plus à l'école que jadis car beaucoup d'autres structures ont disparu, les structures communautaires, religieuses... Par ailleurs, notre école doit transmettre des savoirs toujours plus actuels et un professeur a besoin de se former en permanence pour être le plus efficace possible (100 heures par an à Singapour). C'est pourquoi il est absolument indispensable de repenser les obligations réglementaires de service des nouveaux professeurs que nous devons recruter. En lien avec cela, un débat nécessaire devra être mené sur les rythmes scolaires. Est-ce encore tenable d'avoir une année scolaire sur 36 semaines au mieux, le plus d'heures de cours de toute l'Europe chaque semaine, alors que nos voisins ont plutôt 40 semaines de cours ? La contrepartie doit être une revalorisation substantielle des professeurs et une formation initiale plus puissante, mais sur ce sujet le débat est engagé. Faut-il aller plus loin en déconcentrant le recrutement des professeurs du secondaire au niveau des académies, en modifiant en profondeur les règles du mouvement des professeurs qui a plus de quarante ans et repose sur un système de points qui ne permet pas toujours aux compétences de chacun d'être utilisées à sa juste valeur ? La question se pose !

La carte scolaire

Notre pays compte plus de 45 000 écoles primaires ce qui est considérable par rapport à ses voisins. Notre pays compte un nombre significatif de petites écoles et, du fait de la démographie, chaque année, les ajustements de la carte scolaire donnent lieu à des tensions très vives avec d'un côté l'Éducation nationale, soucieuse de la bonne gestion des moyens, et de l'autre les élus qui veulent garder ce service public le plus proche possible des citoyens, ce qui est parfaitement compréhensible. Mais en réalité, à défaut d'une grande reconfiguration discutée démocratiquement, nous ajustons progressivement la carte scolaire créée aux nouvelles réalités de notre territoire, petit bout par petit bout. Ne serait-il pas préférable de procéder à une refonte globale en affirmant qu'aujourd'hui les normes de sécurité, d'inclusion et d'efficacité pédagogique commandent des regroupements dans des écoles modernes ? L'État sans doute, après avoir payé les écoles dans chaque village à la fin du XIXe siècle, pourrait peut-être offrir ces nouvelles écoles modernes, bien équipées, avec tous les services dont des enfants des campagnes ont le droit de bénéficier à égalité des enfants des villes.

L'autonomie ?

Mot-valise communément utilisé pour dire qu'on est moderne. Mais on ne sait pas bien ce que cela signifie. Ou plutôt on veut importer cette organisation dans un pays qui n'est pas organisé ainsi. En effet, dans les pays à forte autonomie des établissements, les responsables politiques de l'éducation sont locaux : la commune ou, à la rigueur, la région. Dès lors qu'en France, le responsable est le ministre et autant de temps que les Français souhaiteront cela, l'autonomie des établissements sera relative, souhaitable, mais relative. La responsabilisation des écoles et des établissements par les résultats des élèves ne serait-elle pas suffisante ?

Mixité sociale

Dans certains secteurs de notre pays, des établissements concentrent des élèves issus de milieux défavorisés quand l'enseignement privé sous contrat, du fait de la baisse de la pratique religieuse, constitue parfois un appel des familles contre l'esprit de fraternité. Et dans le même temps comment accepter de revenir sur la liberté scolaire, acquis essentiel ? Par un cheminement de la pensée un peu étrange, certains demandent la fin de la limitation du financement de l'école privée à 20 % du budget pour lui permettre de diversifier socialement sa population scolaire. D'autres considèrent une règle d'équité simple : l'allocation progressive des moyens en fonction de la sociologie des élèves. Si l'enseignement privé scolarise 20 % d'élèves, comme une grande partie est favorisée, il pourrait se voir allouer un budget inférieur. Ce qui est certain est que l'école publique a raison de s'inquiéter de la concentration des élèves issus de milieux favorisés à l'école privée, mais il serait dangereux de désigner l'école privée comme bouc émissaire et se détourner à bon compte des débats nécessaires pour améliorer le service public d'éducation.

Refonder l'école inclusive

L'accessibilité de notre école est un devoir républicain car l'école est l'école de tous les enfants de France. Nous devons seulement constater des difficultés actuelles que les professeurs supportent avec courage. Il faut agir. L'école inclusive est une histoire administrative française typique, un peu improvisée, avec une croissance exponentielle de l'accompagnement humain, car non seulement les prescripteurs (les maisons départementales) ne sont pas les payeurs (l'Éducation nationale) et, faute d'une formation efficace des professeurs dits ordinaires, l'accompagnement humain est parfois devenu une solution magique, et par définition insuffisante. En outre, de nombreux élèves faute de place en établissements médico-sociaux sont scolarisés en milieu ordinaire sans toujours bénéficier de l'accompagnement nécessaire. En Italie, le choix ne fut pas celui d'accompagnants, mais de professeurs spécialisés ce qui aurait peut-être été préférable car une bonne partie de la solution est pédagogique et les professeurs se sentiraient peut-être moins seuls avec ces pairs à leurs côtés. Faut-il revenir sur cette orientation qui a vingt ans ?

L'orientation

Voilà un sujet qui concentre tous les paradoxes de notre système, ou plutôt cultive un trait très français, l'ambiguïté. En effet, notre système est libéral (les élèves émettent des vœux) sans l'être puisque le conseil de classe peut refuser l'orientation demandée ; il n'est ni un système de placement où l'État décide des besoins dans telle ou telle filière, ni un système de la rencontre de l'offre et de la demande car ce ne sont pas les établissements qui recrutent mais une plateforme qui affecte. La France a la particularité de scolariser 50 % d'une classe d'âge en terminale générale ce qui est unique en Europe mais trahit un imaginaire social (et en grande partie professoral) problématique, la hiérarchisation et le tri social. Le résultat est que le lycée technologique voit ses effectifs s'effriter alors que le pays a un besoin crucial de techniciens et que certaines formations tertiaires sans débouchés sont encore trop attractives. Des choix sont à faire !

De la réforme ?

L'autonomie des établissements dans de nombreux pays interdit les réformes systémiques. La France peut encore institutionnellement se le permettre mais est-ce encore compris dans notre pays ? Ne faut-il pas plutôt engager les établissements à contractualiser avec les rectorats sur la base d'objectifs et définir de concert les organisations les plus adaptées aux élèves scolarisés dans l'établissement ? La plupart des pays du monde forment des réseaux d'établissements qui s'engagent dans des programmes et des projets financés par les autorités au cas par cas. La valorisation des réussites des uns grâce à l'intelligence collective n'est-elle pas à même de faire avancer davantage qu'aujourd'hui les organisations scolaires ?

En quelques mots, voici quelques-uns des termes du débat ! Il y en a d'autres. Ce texte rapide ne forme qu'un vœu : qu'un débat ait lieu car nous le devons à l'école de la République et aux enfants de France.

Crise de la raison, nouveaux obscurantismes, montée des ressentiments : comment « rallumer les Lumières » ?

Jean-Yves Autexier

La bourrasque néolibérale qui a soufflé depuis trente ans sur la France n'a pas manqué de changer son visage. Les images anciennes et rassurantes des hussards noirs à l'école, d'un patriotisme populaire, d'un attachement paisible et naturel à sa nation ressemblent aujourd'hui à des témoignages archéologiques. Cette lente et durable érosion des principes qu'on tenait hier pour éternels fait apparaître le visage d'une France fort différente. Et ce n'est pas seulement la mondialisation ou l'évolution de la population qui sont en cause, ou l'irruption des nouvelles technologies. Un ressort s'est affaissé : celui de la confiance dans la raison.

Une éclipse et ses ravages

Depuis trente ans, on observe une forte offensive culturelle contre l'esprit des Lumières : fuite devant la science, recul des études scientifiques, peur des techniques, une vulgate pseudo-« écologiste » a régné à peu près partout. De fait, le délaissement du domaine scientifique est frappant. Nous manquons de 5 000 ingénieurs dans la filière hydrogène, 10 000 dans la filière de l'air et de l'espace, 10 000 dans le nucléaire… chaque année 38 000 nouveaux ingénieurs sont diplômés, alors qu'il en faudrait 60 000. Peut-on mettre cette réalité en rapport avec un récent sondage de l'IFOP, selon lequel un jeune Français sur six pense que la Terre est plate, et un sur quatre doute de la théorie de l'évolution ; 49 % des jeunes estiment que « l'astrologie est une science » : l'éclipse de la raison n'est pas avare de conséquences. Un bon exemple des involutions permises de longue date par l'effondrement de l'esprit rationnel nous est fourni par la perception de l'énergie nucléaire. La France, hier championne du monde des technologies nucléaires sûres, a abandonné ce fleuron, et préparé sa liquidation, avant que la crise actuelle ne remette les pendules à l'heure. Ce qui était présenté comme une menace contre la planète est communément admis aujourd'hui comme l'une de ses protections. Mais le mal est fait et notre avance est profondément entamée.

On fait croire que le défi climatique serait surmonté par l'austérité et le retour à la nature, alors que seule l'innovation permettra de remplacer les énergies fossiles, de révolutionner les transports, de moderniser les procès de production. Pesticides et fongicides dans l'agriculture ont des conséquences fâcheuses ? Est-ce en abandonnant les cultures aux prédateurs ou aux herbes folles qu'on réussira, ou en inventant les pesticides, fongicides et engrais de nouvelle génération, plus ciblés et moins risqués ? Les transports sont polluants ? Ce n'est pas leur impossible suppression qui résoudrait le problème, mais la recherche de nouveaux moteurs et de nouvelles sources d'énergie. Mais ces truismes encourent aujourd'hui l'accusation d'écocide.

La souveraine liberté de l'esprit est colonisée par les dogmes communautaires et confessionnels. Le principe de laïcité qui devait nous préserver de ce risque est mal compris. Comment pourrait-il l'être d'ailleurs quand ceux qui ont la charge de le transmettre n'y croient guère ? Au nom du respect des croyances, le dogme et le réel sont mis sur un pied d'égalité. Lourde tâche pour les enseignants !

La loi de la majorité est la règle d'or de toute démocratie. Le pire des systèmes à l'exception de tous les autres confie à la majorité les responsabilités et le pouvoir. Cela n'exclut évidemment pas la garantie des droits et la protection des minorités. Mais, venant d'outre-Atlantique, s'est instillé un autre clivage, celui séparant les dominants des dominés. Or épouser inconditionnellement la cause des dominés nous rapproche bien vite de la tyrannie des minorités. Le wokisme et la *cancel culture* en sont le témoignage. Si 1 % des enfants souffrent de dysphorie de genre, faut-il changer le code civil pour que chacun puisse « choisir son genre » ou prendre en charge ces enfants avec bienveillance ? Faut-il brûler les peintures du Caravage parce qu'il fut un assassin, les livres de Gide parce qu'il fut pédophile, renverser les statues de Colbert parce qu'il suscita le Code noir ? Ou éveiller à l'esprit critique et apprendre l'histoire ? Sans doute, les ravages du wokisme au sein de l'Université obéissent-ils à un effet de mode. L'écho de cette étrange vision du monde, bien que relayée à satiété par l'univers médiatique, a peu de résonance dans l'opinion générale, et moins encore dans les couches populaires. Mais elle bénéficie des vents dominants venus d'Amérique, et prolifère peut-être aussi parce que les défenseurs de la démocratie et de l'universalisme ont baissé la garde.

La fragmentation de la société française a été minutieusement décrite. Elle comporte des aspects sociaux, culturels, ethniques, confessionnels, qui se conjuguent avec une exaltation de l'identité communautaire. Le commun s'efface, l'universalisme recule. La raison est prise en tenailles entre l'idéologie verte de haine de la science et du progrès, et l'idéologie identitaire de haine de l'altérité. La mondialisation sans règles des échanges de biens, la libre circulation des capitaux, parce qu'elles ne sont pas mises au service des sociétés et du bien commun, éveillent à rebours des replis nationalistes et des réflexes xénophobes qui éloignent des idéaux humanistes de solidarité.

L'exaltation de l'individualisme est devenue la boussole de l'esprit public : publicité, consommation, une bonne part de la littérature et du cinéma, s'y adonnent à plein. L'idée d'une communauté de citoyens prenant son destin en charge est perdue de vue. L'humanisme est dégradé en un égoïsme consumériste. L'instrumentalisation du combat féministe dessert la cause de l'égalité des droits. L'idéal de la laïcité, fondé sur la liberté de l'esprit, est bafoué par d'insupportables assauts de bigoterie qui méconnaissent la distinction entre l'espace privé et l'espace public. L'islamisme séparatiste prospère en raison inverse de l'effacement des repères républicains. L'affaissement de notre effort industriel, le déclin de l'industrie et de la production, assiégée par les idéologies antisciences, la fragmentation sociale qui cancérise la foi en l'avenir commun, tous ces maux résultent aussi du manque de confiance dans notre nation.

Le bilan de cette longue avancée des obscurantismes est terriblement lourd. L'immense majorité de nos concitoyens n'en peuvent plus de ces dérives. Une vague de nausée répond à ces provocations incessantes. Et de ces colères peut naître le pire, tant « le sommeil de la raison engendre des monstres ».

Les outils de la République

Peut-on réveiller l'esprit public et faire retour à l'esprit des Lumières ? Le courant d'idées lié à la « déconstruction » nous vient principalement des États-Unis et il est assez aisé de distinguer une France républicaine d'une Amérique libérale. Les deux traditions, française républicaine et américaine libérale, portent l'héritage de l'universalisme. C'est bien connu pour les États-Unis et leur sens de la *destinée manifeste*. C'est vrai aussi pour la France, qui affecte de n'adopter que des valeurs à portée universelle, et dont les élites se croient obligées de penser mondial ou européen avant de penser français. Donc, dans un premier temps, le goût spontané des bons esprits français est de porter des idées qu'ils croient universelles parce qu'elles sont venues du monde anglo-saxon.

Mais là où croît le péril, croît aussi ce qui sauve ! Si la République est une cible privilégiée de la déconstruction, c'est bien parce qu'elle est un fameux pôle de résistance. Le wokisme est d'abord une culture d'importation. Est-il universel ? Ni le monde asiatique, ni le monde russe, ni le monde arabo-musulman n'en sont initiateurs, même si certains peuvent en tirer profit lorsqu'ils souhaitent diaboliser l'Occident. L'exportateur est principalement anglo-saxon. Le wokisme est lié intimement à la société américaine, à ses pathologies, elles-mêmes explicables par le passé esclavagiste et le racisme. Rappelons qu'il faut attendre le *Civil Rights Act* de 1964 pour prohiber toutes les lois et réglementations ségrégatives sur l'ensemble des États-Unis. La discrimination d'État n'a été totalement abolie qu'il y a cinquante ans. C'est peu. D'autre part, dans l'univers géopolitique, force est de constater que l'hégémonie américaine s'est affaiblie ; le wokisme est lié à une culture qui n'est plus hégémonique. Si l'on veut vraiment « penser mondial » cet état de fait ne peut pas être ignoré.

Un autre obstacle à cette déconstruction existe, même s'il n'est guère républicain : la mondialisation épousée par une partie de nos élites intellectuelles crée, à rebours, de vives réactions identitaires. Plus on parle du village universel, plus on se réfugie dans sa tribu. C'est ce qu'on observe en France. Une idéologie liée à une culture en déclin se heurte en Europe et en France à des opinions crispées, apeurées par la perte d'identité et peu enclines à ajouter la contrition permanente à la peur du « grand remplacement » ou du « grand déclassement ».

En revanche, nous pouvons, au-delà de la peur, trouver de solides remparts dans notre conception de la République. C'est d'abord une forme de la démocratie, laquelle fonde la loi de la majorité. Il y a démocratie quand la minorité reconnaît la loi de la majorité et accepte de s'y plier. Or la déconstruction, l'indigénisme, l'archipellisation sans fin du pays vont bien au-delà de la protection légitime des minorités. En démocratie, la loi de la majorité ne dispense pas de protéger les minorités, mais ne leur permet pas d'imposer la leur. Il ne faut pas cesser de montrer cette contradiction entre les idéologies de déconstruction au nom des minorités et la simple démocratie. Et, bien entendu, la conception républicaine est très marquée par le primat de l'intérêt général sur les intérêts particuliers. L'intérêt public doit surplomber les intérêts privés. L'État en est garant. Cette vue des choses est tout à fait prégnante en France. On l'a vu dans l'affaire de la pandémie où peu nombreux furent ceux qui préféraient leur refus d'un tout petit risque personnel à la protection de la collectivité.

En second lieu, l'exigence d'égalité est immense en République. C'est « la passion insatiable pour l'égalité » que soulignait Tocqueville. Il n'y a pas beaucoup de pays qui l'inscrivent dans leur devise nationale : on parle de peuple, de travail, de liberté, d'ordre et de progrès... Certes, l'idéologie de la déconstruction cherche à dévoyer le sens du mot égalité, en opposant une composante de notre peuple à une autre. Mais le remède proposé, c'est la discrimination positive, laquelle crée de nouvelles inégalités. Il suffit de voir les dégâts qu'elle a causés dans l'université américaine. Les Français républicains ne sont pas prêts à accepter qu'on substitue la race ou l'origine à la formule de la Déclaration des droits de l'homme et du citoyen de 1789 : « Les distinctions sociales ne peuvent être fondées que sur l'utilité commune. » Cette formule est idéale ? Elle n'est pas réalisée concrètement ? Il faut donc poursuivre le combat pour l'égalité, avec comme meilleure boussole « les hommes naissent et demeurent libres et égaux en droits ».

Cette réalité est particulièrement illustrée par le combat féministe, qui marque à juste titre notre temps. Faut-il l'orienter vers une guerre des genres, à la manière d'une Alice Coffin « les hommes, je ne regarde plus leurs films, je n'écoute plus leur musique » ? Ce féminisme radical ne convainc pas en France. Sans doute parce que les rapports entre les sexes sont fondés différemment dans notre histoire, et cela au moins depuis le XVIIIe siècle. De même, la théorie du genre, qu'on lit dans *Trouble dans le genre* (La Découverte, 2005) de Judith Butler, heurte l'approche égalitaire du *Deuxième Sexe* (Gallimard, 1949) de Simone de Beauvoir. Faut-il déconstruire les genres ou assurer leur égalité en droits ? C'est le féminisme égalitaire et universaliste qui est le meilleur môle de résistance au wokisme et à la théorie du genre. Cette approche universaliste, quelquefois critiquée comme porte d'entrée des communautarismes, en est peut-être le meilleur antidote.

Car si notre société devient un archipel où les différences se creusent entre communautés, religions, origines, cette situation n'est pas entièrement neuve. Faire nation entre Basques et Alsaciens, Bretons et Provençaux n'était pas simple à la fin du XVIIIe siècle. Unir le pays entre catholiques et protestants, clore le cycle des guerres de religion ne l'était pas non plus. La diversité de la population française exige de constants rappels à l'unité, dont nous avons l'habitude. Girondisme et décentralisation ont leurs avantages, mais il faut en faire un bon usage. Centralisation et jacobinisme ont leurs inconvénients, mais ils font partie de la culture politique française. D'ailleurs, Bonaparte parlant du jacobinisme disait que c'était « l'égalité à cheval » ! La République a donc une certaine expérience de la gestion des diversités. Car avec elle naît l'idée de citoyen. Un individu qui articule, en lui-même, ses identités privées et l'appartenance à la communauté des citoyens. L'individu ne passe pas par la médiation de communautés d'origine, de religion, d'ethnie... pour faire République. C'est en lui-même que se fait l'articulation entre ses identités personnelles et l'appartenance à la communauté nationale. L'articulation entre le privé et le commun, c'est le citoyen, pas la communauté. Alors que le post-colonialisme, l'indigénisme, ramènent l'individu à la couleur de sa peau ou à son origine, et ne conçoivent un pays que comme agrégation des communautés, elles-mêmes de plus en plus disparates, *intersectionnalisées* à l'infini. Voilà en quoi le modèle républicain est capable de résister aux vagues dissolvantes venues du monde anglo-saxon.

Là encore, l'ancrage dans l'histoire joue son rôle. Les États-Unis restent un pays jeune. Il a 248 ans. Chez nous, Braudel expliquait que des phénomènes actuels comme la prééminence du Bassin parisien dans l'activité et le peuplement remontaient à la culture Seine-Oise-Marne, c'est-à-dire au Néolithique, 3 000 ans avant notre ère… Sans remonter aussi loin, les Français se sentent héritiers, de 1789 d'abord, mais aussi du temps des cathédrales ; ils sentent bien que l'État a fait la nation. Le déconstruire ? Ce serait déconstruire la nation elle-même. Il faut construire. L'histoire des siècles et de la République est le fruit d'aventures et de constructions. Construire n'est évidemment pas se départir d'un esprit critique, mais comme l'écrivait Régis Debray, on ne détruit vraiment que ce qu'on remplace. Combattre aujourd'hui l'esclavage aboli en 1848, l'auteur du Code noir de 1685, le colonialisme vaincu en 1962, est-ce construire ? Il serait préférable de prendre appui sur les luttes anticoloniales et antiesclavagistes d'hier pour combattre le racisme d'aujourd'hui, les inégalités d'aujourd'hui. Avec les pays jadis colonisés, au premier rang desquels l'Algérie, il sera plus utile de bâtir des projets communs que de ressasser les horreurs d'hier pour faire oublier les faillites de bien des États issus de la décolonisation. Les ressentiments indéfiniment entretenus peuvent masquer les échecs d'aujourd'hui, mais ne préparent pas l'avenir.

Démocratie comme loi de la majorité, primat de l'intérêt public sur les intérêts particuliers, passion de l'égalité, gestion intelligente des diversités, ancrage dans l'histoire : ces atouts qu'offre l'idée républicaine doivent permettre de tenir bon. La République a besoin de républicains, c'est-à-dire d'esprits dégagés des dogmes, empreints de conscience historique, car nous ne sommes pas un rassemblement de hasard, mais un peuple à la longue expérience, qui sait qu'on peut vite passer de la nation unie à « l'agrégat inconstitué de peuples désunis » qu'évoquait Mirabeau à la veille de la Révolution.

La laïcité au cœur de la République

Sami Naïr

La question de la laïcité est centrale parce qu'elle engage au plus profond la conception même de la république laïque et, en conséquence, la formation du lien politique et de la citoyenneté. Distincte de toutes celles qui existent dans le monde, la laïcité française n'est pas une simple forme institutionnelle qui encadre les rapports entre l'État et les représentants des groupements religieux ; elle est en réalité une philosophie de la liberté qui s'impose à l'État sans chercher à faire plier les croyances à l'intérieur de l'espace privé. Rapidement résumée ici, cette philosophie repose sur l'articulation entre quatre valeurs fondamentales – la liberté de conscience, la neutralité de l'État, la séparation du public et du privé, l'égalité – qui définissent le caractère de la république. La liberté de conscience étant la référence centrale, la base que les autres dimensions concrétisent. De l'article 10 de la Déclaration des droits de l'Homme et du Citoyen de 1789, à la loi de séparation des Églises et de l'État de 1905, c'est le même principe, au risque des défis d'une histoire tumultueuse, qui est réaffirmé : celui de la liberté de penser et d'opiner dans la plus grande sécurité[1]. Alors que tous les

1. Article 10 de la DDHC : « Nul ne doit être inquiété pour ses opinions, même religieuses, pourvu que leur manifestation ne trouble pas

systèmes politiques précédents craignaient l'exercice de la liberté, la république laïque en fait maintenant sa philosophie et en devient l'incarnation.

À la base de cette révolution conceptuelle et politique, il y a une mutation décisive : l'État devient le garant de la concorde entre les diverses opinions et croyances. Il est l'incarnation de la liberté commune face à un monde privé où s'opposent les intérêts de chacun. Loin donc d'instaurer une fermeture, la laïcité oblige l'État à garantir la liberté et la sécurité des convictions multiples. Elle est dans son cœur respectueuse de la pluralité des valeurs.

Les deux proclamations – de 1789 et 1905 – qui firent partout trembler l'alliance du trône et de l'autel fondent ainsi l'identité républicaine, laïque et démocratique de la nation. Les valeurs qui traversent ces textes sont unies par une même cohérence : en affaiblir une, c'est menacer de ruiner l'ensemble. Émile Durkheim définit précisément l'enjeu de cette conception du monde, dans l'article « Éducation » du *Nouveau dictionnaire de pédagogie et d'instruction primaire*, en 1911 : « Il y a dès à présent, écrit-il, à la base de notre civilisation un certain nombre de principes qui, implicitement ou explicitement, sont communs à tous… respect de la raison, de la science, des idées et des sentiments qui sont à la base de la morale démocratique. Le rôle de l'État est de dégager ces principes essentiels, de les faire enseigner dans ses écoles… » La dialectique entre les quatre valeurs fondatrices de la laïcité ne peut en effet se concevoir que dans le cadre d'une société qui,

l'ordre public établi par la loi » ; article 1 de la loi du 9 décembre 1905 concernant la séparation des Églises et de l'État : « La République *assure* la liberté de conscience. Elle *garantit* le libre exercice des cultes, sous les seules restrictions édictées ci-après dans l'intérêt de l'ordre public. »

toujours, fait de la raison, la science et le progrès, ses fils conducteurs. Il s'agit d'un programme rationaliste, né au siècle des Lumières dans la plus belle foi en l'avenir humain de l'homme. La « morale démocratique » invoquée par Durkheim est une autre manière de dire la nécessité d'une instruction éclairée du citoyen, qui apprend ainsi le métier de « cosouverain » éduqué et responsable. L'éducation scolaire est le creuset originaire où doit se forger cette « civilité » ; la nation qui en résulte est civique : elle définit le citoyen par sa dimension politique, non ethnique ou confessionnelle. Et c'est pourquoi l'État et l'école sont les deux sources vives de la laïcité.

Le rappel de ces principes n'est pas une simple formalité ; il redevient une exigence impérative aujourd'hui car la laïcité est menacée non seulement par les offensives idéologiques engagées par les adeptes du modèle anglo-saxon et américain du wokisme, mais aussi, et sans doute plus dangereusement encore, par l'affaiblissement historique de l'État républicain français. Celui-ci est confronté à une crise profonde, quant à son rôle et à ses moyens. Depuis le début des années 1980 du siècle passé, en raison de l'engagement européen de la France comme des effets plus généraux de la globalisation néolibérale mise en place à cette époque, la matrice républicaine française est désarticulée, ses repères identitaires sont menacés, la philosophie institutionnelle qui la sous-tend, contestée. Une nouvelle sensibilité culturelle s'est imposée progressivement dans les médias et au milieu des élites politiques et intellectuelles. La République y a été stigmatisée pour son « archaïsme », la laïcité pour son « anachronisme » dans un monde supposé de plus en plus « respectueux » des identités « d'origine », confessionnelles et même ethniques. Critique culturelle assez traditionnelle au fond contre la laïcité française, radicalisée par l'affaiblissement structurel du modèle républicain. Ce que cet affaiblissement doit à la construction néolibérale de l'Europe mériterait ici une analyse particulière, mais il suffit d'en souligner la tendance fondamentale, qui a conduit à paralyser les moyens de régulation systémique de l'État républicain, en le dépossédant de la maîtrise de son budget, de sa croissance, de ses déficits, etc. La mise « en disette » de l'État républicain par le néolibéralisme triomphant de l'Union européenne conduit ainsi la France à l'une des pires crises de son modèle d'intégration républicaine. Alors même que le pays doit faire face à l'intégration de couches sociales, essentiellement immigrées, nouvelles ou qui avaient été marginalisées jusque-là, la réduction drastique de ses capacités par la nouvelle vulgate néolibérale, défendue et imposée d'ailleurs par la gauche française, crée les conditions d'une déstructuration profonde du système social. Les bouleversements sociologiques qui en résultent touchent principalement les classes populaires, ouvrières, et une partie significative des classes moyennes basses. On ne peut comprendre la « crise » de l'intégration républicaine en France si l'on ne la met pas en rapport direct avec ces bouleversements structurels.

C'est dans ce contexte qu'émergent les interrogations sur le modèle républicain laïc confronté à la nécessité d'institutionnaliser l'islam, nouvelle religion en France. L'adaptation et l'intégration de cette religion dans la République, comme cela fut également le cas avec les autres religions, ne se produisent pas sans difficultés ni obstacles. L'islam a généralement été accueilli en France avec circonspection : incarné depuis les années 1970 par des populations ouvrières marginalisées et blotties dans les bidonvilles et les quartiers de relégation sociale, il s'est d'abord pratiqué dans la clandestinité et l'obscurité des caves. Il a fallu attendre les années 1990, et le début du XXIe siècle, pour que l'on accepte sa présence à la surface de la société. Cet islam français est porté par des couches sociales qui ne sont pas parmi les plus modernes des pays d'origine : elles sont massivement rurales et périurbaines, et ne connaissent que peu sinon rien à la culture républicaine. Leur rapport à la religion est fondamentalement identitaire ; le spirituel et le temporel y sont mêlés, comme s'il s'agissait d'un fait de nature. Dans la société d'origine, Dieu est partout ; dans la République laïque, il faut le chercher... Les immigrés de confession (sociologique ou proclamée) musulmane qui, maintenant, ont choisi de vivre en France, doivent s'adapter à une société très profondément laïcisée. Cette adaptation est déterminée par de très nombreux facteurs et dépend surtout des différentes phases migratoires auxquelles appartiennent les immigrés.

On peut en effet distinguer, schématiquement, deux types d'immigration : celle qui arrive en France après la Seconde Guerre mondiale, composée surtout d'Algériens qui sont très majoritairement des travailleurs ayant vocation à retourner au pays d'origine, du moins est-ce ainsi que le concevaient, dans l'accord qui permit l'accueil de plus de 50 000 travailleurs supplémentaires, les autorités françaises et algériennes en 1967. Très rapidement, dès le milieu des années 1970, ces travailleurs seront rejoints par les Marocains et les Tunisiens. Bien qu'en partie déjà familiale, cette immigration avait pour idéal le « retour » au pays d'origine (le célèbre « mythe du retour », qui s'accompagnait de la construction de la maison au « pays[1] »).

1. L'écrivain algérien Kateb Yacine avait à l'époque tourné en dérision cet accord dans sa pièce de théâtre significativement intitulée : *Mohamed, prends ta valise !* Voir également le numéro spécial sur « L'immigration

La question de l'intégration pouvait se poser surtout pour les enfants, nés français, et qui ne se sentaient ni représentés ni admis dans la nation. C'est pourquoi l'on a vu apparaître dès le début des années 1980 des revendications d'intégration sociale à travers des mobilisations collectives de jeunes, des « marches » de l'égalité, et des associations comme SOS Racisme s'installer comme groupes de pression (souvent manipulés par le pouvoir politique) défendant leurs revendications. Qu'on se souvienne de l'ambiance : à l'époque, la revendication confessionnelle ne venait à l'idée de personne ! C'était plutôt un identitarisme acronymique qui battait le pavé : « Black, Blanc, Beur » …

La seconde phase concerne l'immigration massivement familiale qui se développe à partir de la fin des années 1980, confortée par la Convention européenne des droits de l'homme, et qui signe, en démentant le mythe du « retour » au pays d'origine, l'installation définitive de l'ancienne immigration mais aussi et surtout de tous les nouveaux arrivants depuis cette époque. L'immigration augmente brutalement grâce au regroupement familial (elle triple ou quadruple) ; elle n'est plus seulement de travail, mais de peuplement, et d'ailleurs favorisée comme telle par le droit de l'Union européenne. Là, ce sont des familles qui sont autorisées à entrer dans le pays, et qui se caractérisent par des traits culturels et même des origines sociologiques tout à fait spécifiques (surtout rurales mais aussi, déjà, de couches moyennes inférieures). Entre plusieurs autres conséquences, la plus importante est que, *d'emblée*, cette installation entraîne l'apparition de l'islam des banlieues et des villes, marqué par une symbolique identitaire qui tend

maghrébine », de la revue *Les Temps modernes*, en 1983, que nous avions dirigé, Claude Lanzman, Claire Etcherelli et moi-même.

de plus en plus à s'affirmer dans la République. Le voile et toutes les déclinaisons identitaires confessionnelles qui s'y rapportent, font leur apparition, souvent affirmés avec dogmatisme et violence symbolique dans l'espace laïc : c'est, entre 1986 et 1989, l'affaire des foulards de Creil, qui constitue un tournant historique dans la manière dont la laïcité française devait réagir. La décision du Conseil d'État autorisant, de fait, le port du voile à l'école a eu des effets désastreux, favorisant le brouillage des rapports entre l'espace public et privé. Cette décision, en dépit de son annulation par la loi de 2004 sur le port des signes religieux à l'école, n'a pas encore fini d'effacer les illusions qu'elle a engendrées. En un mot, la République, soumise aux sirènes libérales-libertaires de la gauche d'alors et de ses intellectuels à la recherche d'identités nouvelles, a ainsi donné l'impression qu'elle consentait, subrepticement, à modifier les relations entre l'État et les groupes de pression confessionnels.

Depuis, la question de l'institutionnalisation de l'islam en France n'a cessé de hanter le débat public. L'immigration familiale a construit une sémantique identitaire centrée essentiellement sur la reconnaissance religieuse. Des coutumes vestimentaires et des pratiques cultuelles sont apparues, s'imposant parfois brutalement, qui tranchent d'avec le mode d'être des immigrés d'antan, généralement centré sur l'identification aux mœurs de la société d'accueil. Le résultat le plus spectaculaire a été le voilement quasi généralisé des femmes. Dès cette époque, il était clair que l'immigration familiale allait soulever des interrogations pour la laïcité républicaine. L'État prend peu à peu conscience qu'il doit réagir. La défense des valeurs de la laïcité refait timidement sa réapparition, mais elle est en quelque sorte brouillée par les mobilisations des années 1990 autour de la défense des droits de l'immigration, piétinés alors par une politique bêtement répressive de la droite au pouvoir.

Deux points deviennent en quelque sorte stratégiques : la laïcité à l'école et l'égalité des sexes partout. L'affaire de Creil était passée par là. Sur ces deux points, il y a clairement incompatibilité entre l'islam et la république laïque. Celle-ci ne peut ni accepter la confusion du politique et du religieux ni renoncer à défendre l'égalité statutaire des sexes. Ce n'est pas un hasard si l'école devient alors la cible des affrontements avec les tenants d'un islam identitaire offensif. Depuis lors, la loi de 2004 et toutes les autres qui ont suivi jusqu'à aujourd'hui témoignent à la fois d'un rappel à l'ordre et d'un durcissement progressif face à l'islam identitaire, d'autant mieux admis qu'ils interviennent alors que l'intégrisme semble se développer dans les milieux marginalisés de l'immigration et, plus encore, que les attentats terroristes des années 2010 rendent l'ambiance irrespirable. Il est aujourd'hui difficile de se faire une idée précise sur l'étendue de son influence. Ce qui est sûr, c'est qu'un important travail pédagogique reste à faire pour permettre l'adaptation de l'islam à la laïcité française[1].

Il est d'abord essentiel de rappeler à tous que la République ne peut et ne veut refaire le détour des conflits qui l'ont opposée à l'institution religieuse au XIXe siècle. De quelque façon qu'on tourne le problème, elle ne peut

1. Il faut reconnaître qu'un travail important a été fait en ce domaine depuis le début des années 2000, notamment à partir du moment où Jean-Pierre Chevènement, ministre de l'Intérieur et des Cultes, a lancé, en 1999, une grande « consultation » sur l'islam en associant les organisations confessionnelles et en créant les conditions qui régularisent les pratiques cultuelles musulmanes (rites d'abattage, construction de mosquées, etc.).

revenir sur ses principes fondateurs, notamment celui de la séparation de la religion et de l'État.

Il faut également souligner, au risque de déplaire, la méfiance qui s'est installée ces dernières décennies entre l'islam français et l'opinion publique. Difficile à dénouer, elle n'est pas pour autant l'expression d'une islamophobie congénitale, même s'il existe des groupements politiques et culturels qui cherchent à entraîner la France dans cette voie. En réalité, laïcisée par plus d'un siècle de séparation du politique et du religieux, la France ne peut revenir sur cet acquis.

Il y a enfin, à l'intérieur même de la sphère d'influence religieuse musulmane, un conflit réel entre un *islam majoritaire d'intégration*, peu sensible à l'identification communautariste, probablement en chemin vers sa laïcisation, et un *islam minoritaire de séparation*, communautariste, clairement opposé à la laïcité. Le rapport Obin, en 2004, dénonçait déjà le caractère néfaste[1] des avancées de cette version fondamentaliste, notamment dans ses effets sur la citoyenneté politique et la volonté d'intégration des jeunes issus de l'immigration.

Cette situation démontre, s'il le fallait, que la bataille pour l'intégration républicaine n'est pas gagnée. La laïcité n'est ni « fermée » ni « ouverte », elle est une valeur de référence commune parce qu'elle incarne la liberté, tout

---

1. « Le projet de ces groupes (salafistes), souligne ce rapport, ouvertement ségrégationniste, dénonçant l'intégration comme une apostasie ou une oppression, va encore plus loin : ils veulent agréger ces populations... en les dissociant de la nation française... » pour les inciter à rejoindre une supposée « nation musulmane ». cf. Jean-Pierre Obin, *Les signes et manifestations d'appartenance religieuse dans les établissements scolaires,* ministère de l'Éducation nationale, de l'Enseignement supérieur et de la Recherche, 2004.

simplement. Elle ne concerne pas *toute* la société ; elle définit seulement le périmètre de la communauté politique, de l'espace public, du Commun. La liberté de conscience, c'est le droit imprescriptible à penser et à exprimer ses convictions, et non à les imposer par la force ; la séparation du temporel et du spirituel, de la religion et de l'État, ce n'est pas opprimer la religion, c'est la maintenir là où elle doit être : dans la sphère privée. Ce point est crucial dans le rapport à l'islam, car cette religion, pour des raisons complexes qu'on ne peut analyser ici, n'a pas opéré cette séparation qui est également consubstantielle à la liberté laïque. La neutralité de l'État par rapport aux croyances et aux institutions qui les promeuvent dans l'espace privé, démontre que par cette « indifférence », l'État n'appartient à personne en particulier parce qu'il est la propriété du Commun, donc de tous en tant qu'ils renoncent à se l'approprier individuellement. L'État neutre, c'est l'incarnation de la citoyenneté politique commune. Enfin l'égalité à l'école, sociale et de genre, est la condition sans laquelle la laïcité devient une coquille vide, formelle et dégénérescente.

C'est pourquoi le contrôle de l'espace éducatif est déterminant : c'est un véritable pouvoir originaire de formation de la citoyenneté. Il a fallu, au XIXe siècle, une bataille acharnée des républicains, d'Edgar Quinet à Jules Ferry, pour enlever ce pouvoir à l'Église et le mettre au service de la République afin de former des citoyens dans l'école publique. Comme aime à le souligner Claude Nicolet, pour Jules Ferry, « l'éducation du peuple est la condition indispensable de sa souveraineté, et l'égalité devant l'éducation (l'égalité des chances) est le premier pas d'une égalisation des conditions ». Et il ajoute : « Toutes les lois qui, de 1879 à 1885, organisent en France de manière systématique une instruction *gratuite, obligatoire et laïque* vont gommer l'éducation *morale et religieuse* au profit de l'éducation *morale et civique*[1]. » Ce programme, face au relativisme ambiant et à la crise des valeurs, est plus actuel que jamais. Il ne s'agit pas ici de guerre scolaire, mais de pédagogie, qui doit être patiente, démocratique et conduite, s'ils y consentent, avec les parents, sans eux, s'il le faut. Ces clarifications ne peuvent, finalement, que servir le bien de l'enfant et la possibilité de l'aider à construire un avenir dans une société qui le protège.

Posée depuis bientôt quatre décennies, la question de l'intégration de l'islam ne cesse d'interroger les fondements de la République. Les flux migratoires sont désormais continentaux, et l'intégration en France ne peut se produire que si on les maîtrise. Respectueux du droit des gens, et, surtout, appuyé par une véritable et grande politique de codéveloppement avec les pays d'origine, ce contrôle doit être assumé parce qu'il est dans l'intérêt de chacun. C'est un vrai défi de civilisation et il est grand. Mais si, en jetant un regard sur l'immédiat on ne peut que s'inquiéter, une vue plus longue, en revanche, ne fera pas douter de la réponse : la république laïque a toujours, dans les pires moments, su se relever. À condition de croire en elle et de la défendre.

1. Nicolet Claude, « La leçon oubliée », *Le Monde de l'Éducation*, 1997.

La crise de l'intégration : un défi pour notre nation, un défi pour notre jeunesse

Joachim Le Floch-Imad

« Nous assistons, non à une métamorphose mais à une pseudomorphose, comme un coquillage se vide de la matière vivante qu'il protège et se remplit d'autre chose. Les mots restent, les palais nationaux restent, le fronton des écoles reste mais à l'intérieur ce n'est plus la même chose », déclarait Régis Debray en mai 2016, au sujet du vide symbolico-affectif engendré par la crise des grandes mythologies collectives, en particulier la tradition républicaine.

Cette remise en cause de ce qui fait « la structure de la personnalité de la France » (Jacques Berque) est intimement liée à l'échec de l'intégration, thématique chère à la Fondation Res Publica. Depuis sa création, quatre colloques et séminaires, ainsi que de nombreuses publications, lui ont en effet été consacrés, ce qui ne surprendra personne tant cette question renvoie à l'essence même du projet républicain. Le peuple français est d'abord un peuple de citoyens unis par un sentiment d'appartenance qui doit primer sur l'individualisme, la lutte de tous contre tous et les égoïsmes à courte vue. Sans celui-ci, qui s'exprime de manière éloquente dans l'exercice de la citoyenneté, la minorité ne saurait se résoudre à accepter la loi de la majorité. Pendant de longues décennies, ce modèle exigeant, fondé sur l'aspiration à « faire un », le goût du commun et le refus de l'essentialisation des particularismes, a favorisé la concorde nationale et la paix civile. Il a permis à des légions d'hommes et de femmes venus d'ailleurs de devenir pleinement français, peu importent les déterminismes de la naissance et du sang. De Romain Gary à Missak Manouchian, en passant par Joséphine Baker, Marie Curie, Léopold Sédar Senghor, Eugène Ionesco ou Joseph Kessel, on ne compte plus les courbes de vie qui illustrent cette réussite.

Cet édifice de fondamentaux qui rendent la République possible n'est plus défendu aujourd'hui par ceux qui ont la charge de notre pays. À force d'être dévoyé et convoqué de manière anhistorique et creuse, l'imaginaire républicain a perdu son contenu et son ancrage dans le vécu des Français. Il est à ce titre symptomatique que l'on ait réduit la République à ses seules « valeurs ». Cette manipulation sémantique est indissociable de la manière dont l'on aborde le problème de ce que l'on nomme, par euphémisme, la « crise de l'intégration ». L'emploi même de la notion d'intégration mérite d'être débattu lorsqu'on sait que prévalait auparavant, sous l'Ancien Régime et surtout sous la IIIe République, la notion plus ambitieuse d'assimilation. Si beaucoup l'ont oubliée, celle-ci est toujours présente dans notre code civil comme condition de l'accès à la nationalité. Elle va de pair avec l'idée d'une culture majoritaire à faire sienne et de principes non négociables à préserver. Elle implique ainsi que le nouveau venu, s'il veut être naturalisé et entrer pleinement dans la communauté nationale, fasse preuve d'une certaine discrétion quant à ses origines dans l'espace public, sans renoncer à son identité dans la sphère privée. L'intégration renvoie à une ambition bien plus modeste, à savoir la capacité à vivre dans le pays sans heurter la population majoritaire. Les clivages entre individus ne sont pas abolis mais transcendés par le canal de l'emploi et le respect minimal de règles juridiques. Cette opposition entre assimilation et intégration qui prévaut depuis les années 1980, au cours desquelles le droit à la différence et le multiculturalisme ont gagné du terrain, est questionnable en soi. D'autant que l'engrenage du renoncement se poursuit et qu'une notion plus pernicieuse encore s'impose : l'inclusion. Rétive à tout principe d'unité, celle-ci prend pour modèle les sociétés anglo-saxonnes et s'accommode de phénomènes de communautarisme brillamment pourfendus par Jean-Pierre Chevènement dans sa critique du rapport prônant une société « inclusive » remis au Premier ministre, en 2013, par Thierry Tuot.

Si elles peuvent paraître théoriques, ces ruptures sémantiques rencontrent une traduction concrète dans les politiques publiques conduites, parallèlement à des dynamiques historiques dont nous mesurons les ravages aujourd'hui. Bien sûr, de belles réussites demeurent possibles. Les écrits de Christophe Guilluy nous apprennent ainsi qu'une partie significative des enfants de l'immigration connaît une ascension sociale. Ce n'est pas l'auteur de ces lignes qui dira l'inverse tant il sait, par sa trajectoire familiale, ce qu'il doit à l'universalisme républicain. Force est de constater néanmoins que la machine à « intégrer » est en panne et que notre nation s'archipellise de jour en jour, sur fond de hantise de sortie de l'histoire. Le caractère anxiogène de l'actualité, les statistiques et les témoignages du « terrain », accréditent ce constat tant ils vont dans le sens de l'avertissement du ministre de l'Intérieur démissionnaire Gérard Collomb selon lequel des peuples aujourd'hui « côte à côte » pourraient demain se retrouver « face à face ». Alors même que les vecteurs historiques d'encadrement et d'intégration des nouveaux arrivants (organisations ouvrières, syndicalisme, école de la République, christianisme social, etc.) se sont affaissés, l'immigration a explosé. Chaque année, les records sont battus. 2023 n'y fait pas exception, avec 320 000 primo-délivrances de titres de séjour (plus 90 % depuis 2007) et 142 000 demandes d'asile formulées (un chiffre qui a plus que triplé en quinze ans).

Au-delà des seuls enjeux de volume, l'immigration en France a changé de nature, devenant toujours plus extra-européenne (en provenance notamment du Maghreb et d'Afrique subsaharienne), sous-diplômée et marquée par une « distance culturelle » (Didier Leschi). Il suffit d'observer les dix premières nationalités bénéficiaires de titres de séjour français : Algérie, Maroc, Tunisie, Turquie, Chine, Sénégal, Mali, Côte d'Ivoire, Ukraine et République démocratique du Congo. La rencontre entre l'abandon de notre tradition républicaine et ces grandes masses issues de l'immigration a favorisé le fleurissement de quartiers qui tendent à se détacher de la Nation, sur fond de ressentiment colonial, de croyance en un prétendu racisme systémique et de rejet des règles d'« en haut ». Les violentes émeutes qui ont secoué 553 communes françaises au cours de l'été 2023 l'ont montré. La quasi-totalité des responsables, bien que de nationalité française, étaient originaires de l'immigration (2e ou 3e génération) et se disaient moins préoccupés par la mort du jeune Nahel que désireux de donner libre cours à des pulsions de destruction et d'en découdre avec l'État, perçu comme un clan rival et une machine à reléguer les « racisés ». Dans ces territoires perdus de la République, de nombreux jeunes ne se reconnaissent plus dans la nationalité française qui est la leur, en témoignent par exemple la recrudescence des insultes « sale Français » et « sale

Gaulois » ou encore cette anecdote édifiante de l'ancien préfet Michel Aubouin : « Lors d'une réunion avec une trentaine de jeunes lycéens, je leur ai demandé qui était français. Sur 35 élèves, pas un seul ne s'est dit Français. Ils se disaient Algériens, Comoriens, Maliens, etc. »

Le long processus de destruction de l'école est pour beaucoup dans le délitement de ce qui faisait jadis notre tissu commun. D'institution de la République ayant la charge de la transmission de savoirs émancipateurs, celle-ci est devenue un réceptacle des forces centrifuges de la société (explosion des violences visible dans les enquêtes de la DEPP, harcèlement scolaire qui touche 19 % des collégiens et lycéens, multiplication des contestations d'enseignements dont 56 % des professeurs disent avoir été victimes). Au fil de nos démissions, nous avons laissé entrer le poison de l'identitarisme ethno-religieux dans ce lieu prétendument sanctuarisé. Au point qu'une étude glaçante nous apprend aujourd'hui que 38 % des musulmans scolarisés en France se refusent à condamner l'assassinat de Dominique Bernard à Arras, ce professeur qui n'avait rien fait d'autre que son métier. Cette décomposition nationale, dont le devenir de notre école est peut-être le symptôme le plus criant, fait écho à d'autres dynamiques. L'endogamie familiale, communautaire et religieuse est, par exemple, de plus en plus répandue, comme le montrent les travaux de Jérôme Fourquet. Se produit un déboîtement entre le milieu républicain de la citoyenneté et le milieu idiosyncrasique, sur fond de croissance des diasporas. Celles-ci contribuent à réduire la fréquence et la qualité des interactions entre les natifs, les nouveaux venus et leurs descendants, tout en créant des appels d'air pour une immigration toujours plus nombreuse, dont une large partie considère que les droits ne sont pas synonymes de devoirs et que l'intégration s'arrête à l'acquisition de la nationalité.

Outre les enjeux migratoires, l'intégration de notre jeunesse dans sa diversité à une culture française commune est menacée par tout ce que les passions démocratiques charrient de narcissisme et de revendications des droits individuels. À la faveur des nouvelles pratiques culturelles propres à la vidéosphère (Netflix, Instagram, TikTok, etc.), s'impose une culture du bien-être, du moi et de l'instant, qui déconstruit l'imaginaire vertical de la nation au profit de celui, horizontal, de la communauté. Dans un colloque de la Fondation Res Publica de novembre 2015, Marcel Gauchet revenait sur l'avènement en France d'une culture anglo-saxonne de la différence : « À chacun sa vérité, à chacun son identité, à chacun ce qu'il considère être sa culture de référence, qu'il est supposé, par une extraordinaire illusion d'optique sociologique, avoir construite. » Ces évolutions ne sont en rien spécifiques à la France. Il suffit de lire les travaux de Christopher Lasch sur les transformations de la société américaine, pour en mesurer l'ampleur internationale. Elles suscitent néanmoins chez nous des questions d'une acuité plus forte encore, tant elles sont radicalement incompatibles avec la survie du commun républicain à partir duquel nous avons construit, au fil des siècles, notre unité.

Les différentes formes – non exhaustives – de vulnérabilités que nous venons d'identifier ne doivent pas nous conduire à renoncer face à la crise de la transmission et à la fragilisation des valeurs civiques qui sévissent. Là où croît le péril croît aussi ce qui sauve ! La décomposition de notre nation n'est en rien une fatalité, pour autant que l'on ne se résolve pas au cours des choses. Répondre à la « crise de l'intégration » implique d'abord, sans stigmatisation inutile, de reconnaître qu'un seuil de tolérance a été franchi et qu'aucune politique d'intégration digne de ce nom n'est possible à flux migratoires constants. Le préfet François Lucas l'expliquait lors du colloque tenu à l'été 2019 par notre Fondation : « Le système est à bout de souffle parce qu'il ne trouve plus en lui-même les moyens de tenir ses frontières. » La France doit décider souverainement de qui entre sur son sol et proportionner l'accueil à la capacité d'intégration. Cela passera par une atténuation des différentes incitations à l'immigration, une évolution des conditions d'octroi de l'asile, du regroupement familial et de la nationalité et, bien sûr, une révision constitutionnelle. Ce dernier point est central tant il importe de redonner le pouvoir au Parlement, émanation de la volonté générale, face à des juridictions européennes et à leurs relais nationaux zélés dont les décisions ont, de longue date, pris le pas sur les choix politiques démocratiques.

Puisqu'il incombe d'offrir à notre jeunesse dans son ensemble l'accès à un héritage partagé venu du fond des âges, il nous faut revitaliser les principes cardinaux sans lesquels ce processus ne peut être que chimérique. Vingt ans après la loi de 2004 sur les signes religieux à l'école, huit Français sur dix estiment que la laïcité est menacée. Le reste du monde, en particulier les organisations internationales, ne comprend pas la singularité de notre approche et s'emploie à la détricoter. Surtout, les périls se multiplient sur notre sol : résurgence des obscurantismes et des entrepreneurs de haine ; progression d'une conception légalitaire de l'islam ; déconstructionnisme et mutations de la gauche, passée de l'universalisme à la défense du « droit de ne pas être offensé ». Une fois les leçons des guerres de religion tirées, la République s'est faite sur l'idée d'une nécessaire réserve dans l'expression publique des religions, d'un « pacte de discrétion » (Jean-Éric Schoettl) impossible à imaginer chez nos voisins. Les Anglais, par exemple, trouvent naturel que la gare de King's Cross affiche, pendant le ramadan, un « hadith du jour ». Nous ne voulons pas d'un tel modèle chez nous. La laïcité est un principe pacificateur et un rempart face à la fragmentation qu'il nous faut à tout prix défendre. En paroles bien sûr. Mais en actes surtout !

Plus généralement, il faut que la nation française, et notamment les jeunes générations, refasse corps. Recréer un tel élan collectif nécessitera des choix forts et durables, au sommet de l'État, pour répondre aux préoccupations de notre population et rebâtir une solidarité, intergénérationnelle notamment, que nous avons laissée s'étioler. Cela passe par une offre de logements abondante (à l'heure où les plus de 60 ans détiennent 60 % du patrimoine financier et non-financier), une imposition du travail plus raisonnable parallèle à une remise à plat du marché de l'emploi (alors que le taux d'emploi précaire des 15-24 ans est passé de 17 % en 1982 à 52 % en 2020) et la restauration de structures capables de recréer du lien social et du sens, autour de principes partagés et de l'intériorisation d'une certaine contrainte. La piste du service national obligatoire pour tous d'au moins six mois, plus ambitieuse que l'actuel SNU, doit à ce titre être envisagée, comme l'avait suggéré Marie-Françoise Bechtel à l'occasion d'une pétition au lendemain des attentats de 2015.

La bataille de l'intégration ne saura enfin être gagnée sans une redéfinition de notre politique d'aménagement du territoire et de construction d'infrastructures, contre la multiplication des fractures géographiques engendrée par la globalisation néolibérale et la destruction de notre outil productif. Nos services publics doivent être sanctuarisés dans notre Constitution car ils garantissent la cohésion nationale et permettent de penser le bien commun dans le long terme, contre le règne myope du marché. À travers eux, se joue la préservation du pacte social républicain et d'un génome culturel dont nous sommes les dépositaires.

De continuité historique et de fierté nationale il doit plus que jamais être question. Pour que l'intégration fonctionne, il faut en effet que la France s'aime suffisamment pour donner l'envie d'y adhérer, ce que nous avons oublié à force de repentance et de honte de nous-mêmes. Il ne s'agit pas d'hystériser les problèmes ou de céder à un pessimisme stérile, mais d'être exigeants dans le cap que nous entendons fixer pour que la France ne devienne pas « un pays inhospitalier à lui-même » (Pierre Brochand). Le destin de notre nation n'est ni la partition entre des communautés qui se regardent en chiens de faïence, ni l'affrontement entre des peuples qui se haïssent. Nous devons aujourd'hui avoir le courage de clamer haut et fort que multiethnicisme et multiculturalisme ne sont pas synonymes et que nous sommes viscéralement attachés à l'idée d'un destin partagé. Nos gouvernements successifs ont laissé tomber à terre le flambeau de la République, mais celui-ci n'est pas encore éteint. À nous de le relever et d'en raviver la flamme.

Les élites en question

Marcel Gauchet

Une observation préliminaire : le problème qui nous occupe concerne toutes les démocraties à des degrés divers. Partout, la coupure élites/peuples s'est installée dans le paysage politique, en perturbant les clivages traditionnels, le clivage droite gauche au premier chef. Le cas français est une illustration particulière de ce phénomène général, qui vient déjà de loin. Une date suffit à le rappeler, celle de la publication de *La Révolte des élites* (Climats, 1996) de Christopher Lasch. Le livre dégage déjà les traits essentiels de ce divorce. Trente ans après, il n'a fait que s'approfondir.

Le phénomène a un relief particulièrement important en France du fait de la concomitance de deux données : d'une part l'étendue des erreurs desdites élites – la liste donne le vertige, rétrospectivement –, et d'autre part la puissance de la révolte dite « populiste ». La corrélation n'a rien que de normal.

Ce relief mobilise inévitablement l'attention. Mais il ne faut pas perdre de vue pour autant l'arrière-plan général. Nous n'avons pas affaire à un cas particulier, mais à une version particulière d'un phénomène général.

À l'échelle globale, notre problème se concentre sous les traits d'un type humain, lié à un profil sociologique : le diplômé métropolitain, produit de ces nouveautés majeures que sont la mondialisation et la société de la connaissance, avec leurs corrélats : métropolisation, médiatisation, numérisation. Il y va d'une véritable révolution culturelle qui désarme intellectuellement les démocraties.

Second préliminaire indispensable qui nous fait entrer celui-là dans le vif du sujet : pourquoi cette notion d'« élites » ? La voilà devenue consensuelle, alors qu'elle était sulfureuse il y a quelques décennies encore, en raison de ses origines dans l'extrême droite italienne. La sociologie de Pareto et de Mosca n'avait pas bonne presse, c'est le moins que l'on puisse dire, au pays de Bourdieu.

Le vocabulaire en usage était celui de « classe dominante » ou de « classe dirigeante », succédanés de « classe possédante ». À la rigueur, on pouvait parler d'« oligarchie ». Un glissement insensible nous a sortis de cette grille de lecture classiste pour des raisons qui sont très instructives. La première d'entre elles est qu'élites s'entend au pluriel. Les élites sont composites, alors que la classe dominante ou la classe possédante, comme d'ailleurs l'oligarchie ou l'élite dans son acception première, étaient supposées posséder une cohérence et une compacité qui ne sont manifestement pas au rendez-vous. Les élites sont plurielles et loin de présenter cette cohérence que semblait impliquer la possession tout à la fois des moyens de production, des rênes du pouvoir et des fonctions de direction dans la société. Derrière ce fait de vocabulaire qui est en même temps un fait intellectuel, puisqu'il traduit la façon dont les acteurs voient et comprennent leur monde, il y a effectivement un changement de monde. Le changement qu'introduit la mondialisation dans ses multiples expressions. La globalisation économique et financière fracture les sociétés d'une manière inédite par rapport aux précédentes sociétés de classes. Elle crée deux catégories dans la population : ceux qui sont branchés sur le processus global et ceux qui restent prisonniers du local. Les « gens de n'importe où », les « *anywhere* » ; et les « gens de quelque part », les « *somewhere* », pour reprendre les expressions frappantes de David Goodhart.

Cela s'accompagne d'une transformation majeure des conditions de fonctionnement du système économique. Ce qui comptait, c'était le travail, la production, avec pour conséquence dans le tableau politique l'opposition frontale des travailleurs et des détenteurs du capital et des moyens de production. Ce qui compte désormais, c'est, en amont, la conception, la recherche-développement, le financement de l'investissement, et, en aval, la commercialisation, le marketing, sans oublier les juristes qui établissent les innombrables contrats que supposent toutes ces étapes et bien entendu les *managers* qui nouent tout cela ensemble dans une économie de l'innovation. Dans ce cadre, le travail est passé au rang de variable d'ajustement délocalisable. Dans tous les cas, il est relégué dans la périphérie par rapport aux métropoles où se concentrent toutes ces fonctions intellectuelles qui supposent une formation académique plus ou moins poussée. Ainsi est née ce qui mérite le nom de société de la connaissance articulée autour de ce que je propose d'appeler le complexe juridico-technico-marchand.

Voilà à quoi correspondent nos élites. Elles sont faites des « manipulateurs de symboles » dont Robert Reich signalait le rôle névralgique dès le début des années 1990. La traduction politique directe de ce formidable déplacement est l'élévation de la fracture du diplôme au rang de variable explicative déterminante des options politiques et des comportements électoraux. Diplômés contre non-diplômés, métropoles contre périphéries : le point est désormais bien établi, là sont les données structurantes qui modèlent notre paysage politique.

On comprend à partir de là le pluriel des « élites ». Elles sont effectivement hétérogènes sur tous les plans. Elles sont le fait de spécialistes, d'« épistocrates », qu'unit la démarche de connaissance, sanctionnée par un diplôme, dont elles peuvent se réclamer. Leur légitimité s'enracine dans un commun principe de compétence qui rapproche des gens par ailleurs très inégalement rémunérés et de conditions sociales éloignées. Entre un chercheur scientifique à 3 000 euros par mois et un administrateur du capital ou un *trader*, l'écart des revenus et des modes de vie afférents est immense. Mais elle est secondaire par rapport à la complicité intellectuelle que crée leur socle cognitif, le cadre de références qui s'y rattache et leur place dans le fonctionnement social global. Lequel fonctionnement obéit à une règle de division du travail entre spécialistes harmonisés par une régulation de type « marché », soit ce que l'on appelle « la gouvernance ». Le problème que soulève cette évolution, du point de vue du fonctionnement démocratique, est celui de la méconnaissance que sécrète cette « connaissance », en elle-même indiscutable, sauf qu'il y a divorce entre les savoirs qu'elle mobilise, des savoirs tournés vers l'efficacité opérationnelle à base de rationalité pratique et la démarche de compréhension, la quête d'intelligibilité.

Notre première tâche politique devrait être de mesurer les limites de la connaissance en question s'agissant de diriger les sociétés. L'illustration type en est fournie par la « gouvernance par les nombres » dont Alain Supiot a si bien démonté les méfaits. Le *reporting* est ce que l'on a inventé de pire en fait de technique de gestion. La connaissance qu'il procure fonctionne comme un écran à l'égard de ce qu'il y a derrière ou au-delà des chiffres, qui sont tout simplement la réalité agie et vécue par les acteurs. De proche en proche, ces démarches conduisent à ce qui fait la crise démocratique actuelle : la perte du sens de ce qu'est une société. Pour en avoir une idée plus complète, il faudrait montrer la connexion de ce cadre intellectuel avec le consensus idéologique libéral-libertaire qui cimente l'internationale des élites occidentales. Un consensus conflictuel, puisque les deux pôles ne peuvent être qu'en tension, mais un consensus tout de même, puisque l'alliance finit toujours par s'imposer. Elle se traduit dans le progressisme minimal qui constitue le fond de l'air de nos gouvernances. C'est à partir de là qu'il devient possible de comprendre la fracture politique qui s'agrandit à l'ombre de cette évolution. Elle en représente l'envers exact. Le développement du populisme se nourrit de tout ce que cette vision du fonctionnement social et politique ignore par construction.

Quel est alors le problème pratique de la formation des élites en France ? C'est dans ce cadre général que le problème prend sens. Les démocraties sont au défi de dégager et de former des élites aptes à conduire, administrer, gouverner des sociétés qui échappent largement à leurs responsables en l'état actuel des choses. La crise démocratique est là. C'est une crise de « gouvernance », en effet. Ne peuvent valablement prendre en charge la conduite d'une société que des gens qui savent ce qu'est une société. Ils nous font défaut, et le déficit s'aggrave, manifestement. La spécificité du problème français tient au fait que la France est un pays qui a été précocement et frontalement confronté au problème. Il a dû reconstituer ses élites de toutes pièces à la suite de la rupture révolutionnaire. Il a vécu la disparition des élites d'Ancien Régime en place et la nécessité de leur procurer un substitut plus pertinent. Non sans un succès certain si l'on considère le sort des armées révolutionnaires et l'efficacité de l'appareil administratif mis en place sous l'Empire napoléonien.

Cette expérience matricielle a eu pour effet d'installer une préoccupation permanente. La France est un pays qui compte particulièrement sur ses élites tout en s'interrogeant sur leurs compétences et en se montrant prêt à les contester. Cette préoccupation a trouvé sa formule stabilisatrice avec la méritocratie républicaine, formule aussi indiscutable dans le principe qu'ouverte à la discussion dans sa mise en œuvre. Elle a paru se rapprocher de son idéal dans le moment faste des Trente glorieuses. Le tournant de la globalisation a relancé les interrogations sur son bien-fondé.

Qu'est-ce qui ne tourne pas rond dans ce système ?

Le défaut de toute sélection méritocratique est de donner prime au conformisme des bons élèves. Des gens qui ont bien appris leurs leçons tendent à se montrer dangereusement fidèles aux leçons qu'ils ont apprises, y compris quand les circonstances exigent de les corriger. C'est un facteur d'inertie considérable. Le système fonctionne bien dans les « époques organiques », pour parler comme Auguste Comte, où prévaut une lecture bien assise de la situation générale et de la conduite à tenir (exemple : le répertoire des solutions keynésiennes qui a fait merveille pendant la phase de haute croissance d'après-guerre). Il dysfonctionne dans les « époques critiques » où le bouleversement des repères rend les acquis du passé fragiles, voire contre-productifs.

Cela alors que la grande incertitude sur l'évolution en cours rend le besoin d'une direction claire et ferme plus pressant que jamais. Nous y sommes. Il est clair que la grille néo-libérale qui a inspiré tant la gestion des entreprises que les politiques publiques depuis le tournant de la globalisation arrive en bout de course. Difficile de demander à des esprits formatés par ce catéchisme d'inventer les réponses aux nouvelles urgences collectives. Compte tenu de ces données, comment concevoir le rôle d'une élite républicaine qui serait en mesure de s'extraire de ces ornières et de remettre le pays sur de bons rails ?

La comparaison avec le précédent que constitue le redressement opéré par le gaullisme à partir de 1958 est intéressante à cet égard. Ce qui a fait le succès du général de Gaulle, c'est qu'il a pu compter, en plus de son aura historique et de son charisme, sur l'apport d'une élite républicaine venant du mendésisme. N'oublions pas l'expérience Mendès France. Si elle n'a pas duré, elle a eu le temps de rassembler l'équipe qui allait permettre au général de Gaulle d'opérer le redressement du pays. Ses membres étaient à la fois des républicains et des modernistes – un modernisme aux accents et aux provenances idéologiques divers. Leur but, outre le règlement de l'affaire algérienne, était de faire entrer la France dans la phase de haute croissance emportant à ce moment-là tout le monde occidental, avec un maniement raisonné et efficace de la régulation keynésienne.

Quelles leçons pour aujourd'hui ou plutôt demain ?

Par rapport à 1958, nous n'avons pas face à nous l'équivalent de la crise ouverte que représentait le drame algérien. Nous avons affaire non pas tant à une crise de régime, qu'à une crise rampante de définition de la démocratie – qui n'est d'ailleurs pas propre à la France. Nous sommes en présence d'une situation assez remarquable que tout le problème est de comprendre et d'exploiter : un retournement du cycle idéologique néolibéral qui a dominé les esprits et les politiques publiques depuis la fin des années 1970.

Durant la phase de « croissance autocentrée » sous le signe de la régulation keynésienne, la haute fonction publique de l'époque n'avait qu'à appliquer des recettes qui avaient déjà fait leurs preuves ailleurs. Elles étaient connues et documentées. Or, nous ne disposons de rien de tel aujourd'hui. Il n'y a pas de recettes disponibles : aucune, et nulle part ! Nous sommes devant l'inconnu. Tout est à inventer.

En revanche, nous assistons bel et bien à un épuisement du cycle néolibéral. Rien de très étonnant à cela si l'on considère qu'un mystérieux Kondratiev idéologique, vérifiable depuis qu'il y a des idéologies en bonne et due forme, c'est-à-dire le début du XIXe siècle, veut qu'une dominance chasse l'autre, tous les trente ou quarante ans. Cela se vérifie une nouvelle fois. La dominance néolibérale a eu une durée longue, comme son homologue libérale classique de la deuxième moitié du XIXe siècle, mais son règne paraît toucher à sa fin. Il va falloir passer à autre chose, mais quoi ? Pour ceux qui se préoccupent d'anticiper, c'est en fonction de ce changement de cycle qu'il va falloir s'orienter. Tâche difficile en l'absence de perspectives et d'idées claires. On sait à peu près ce qu'il ne faut plus faire, mais on ne sait pas ce qu'il faut faire. Dans l'immédiat, la question économique me paraît somme toute secondaire. Elle me semble subordonnée à une lecture proprement politique de la situation. Ce qui prend le plus profondément l'orientation néolibérale à contrepied, c'est le retour du politique qu'il avait cru pouvoir congédier. Il se manifeste sur deux plans. Le retournement politique de la mondialisation en premier lieu, et la perte de foi dans le modèle de l'État de droit en second lieu.

Retournement géopolitique de la « mondialisation heureuse », qu'est-ce à dire ? La fin de la marche vers un « monde plat », ouvert, homogénéisé, ou du moins en voie d'homogénéisation sous le signe de la financiarisation des économies à l'échelle globale et du libre-échange. Cet irénisme fait place à une fracture opposant le Nord dominant à un Sud global réclamant une nouvelle règle du jeu. Ce que les Occidentaux n'avaient pas compris, c'est que les pays du Sud attendaient de leur participation à la mondialisation des moyens qu'ils pourraient retourner contre l'Occident !

Ce renversement qui ramène au premier plan une dimension stratégique qu'on croyait en voie de marginalisation vaut également à l'échelle européenne. On voit bien que la construction européenne est un instrument dont les États-nations se servent en vue de leurs intérêts a minima régionaux avec pour résultat problématique que la dimension stratégique extérieure est subordonnée au jeu intra-européen. C'est une réalité qui a été longtemps méconnue (ou refoulée) par les élites françaises et qui ne compte pas pour rien dans le malaise politique national. Aussi la première tâche, pour une élite républicaine, serait aujourd'hui de définir les intérêts fondamentaux français et les moyens de les défendre, à l'intérieur du cadre européen, dans un premier temps, puis à l'échelle du monde dans un second temps. L'enjeu est de déterminer les conditions d'une efficacité collective nous permettant de rester dans le peloton de tête de ce qu'a été l'invention européenne de la modernité.

La seconde voie par laquelle le politique revient au premier plan est le doute sur les performances d'un « État de droit ». Il se découvre qu'il répercute une individualisation de la vie sociale jouant contre l'autogouvernement démocratique. Il se traduit par les excès d'un pouvoir judiciaire qui met aujourd'hui au défi les fondements mêmes de la souveraineté populaire.

Tel me paraît être le paysage intellectuel, social et politique dans lequel nous allons devoir évoluer au cours des années qui viennent : retour du politique imposé par la pression extérieure, épuisement à l'intérieur des solutions néolibérales. Le point d'inflexion du cycle idéologique qui a prévalu depuis 40 ans est atteint. Il nous laisse devant un immense chantier. Cette tâche représente une occasion unique pour l'esprit républicain de revenir en grâce en se réactualisant. Elle est taillée pour lui. Encore faut-il que ceux qui s'y reconnaissent sachent s'en saisir sans s'encombrer de nostalgies creuses.

3

LES OUTILS
DE LA SOUVERAINETÉ NATIONALE
DANS LE DÉSORDRE MONDIAL

Quel redressement productif pour la France ?

Louis Gallois

Le procès de la désindustrialisation est fait : hémorragie d'emplois souvent qualifiés, déficit structurel de la balance commerciale, perte de souveraineté, fractures territoriales, sentiment de déclassement et de déclin. La désindustrialisation est une des causes majeures du rejet d'« élites » qui n'ont pas su ou pas voulu l'endiguer.

Cela dit, la réindustrialisation ne sera pas une mince affaire. Les positions perdues ont été occupées par d'autres qui n'entendent pas nous laisser les récupérer ; la compétition internationale est féroce et tous les pays mettent en œuvre des programmes de développement industriel, y compris les États-Unis, ce qui est assez nouveau. La Chine a bouleversé le paysage industriel mondial. De nouveaux acteurs veulent jouer leur carte : de l'Inde à l'Indonésie en passant par le Mexique ou le Vietnam. Il faut expliquer aux Français que ce sera long, qu'il faudra y consacrer beaucoup d'efforts et que, si la réindustrialisation est une priorité, ce sera au détriment d'autres priorités, surtout quand les finances publiques vont mal. Le moment est venu de choisir. Si on ne choisit pas, si on en reste aux demi-mesures, on ne modifiera pas véritablement la donne. Cela veut dire que toutes les grandes décisions publiques devront être jugées non seulement sur leurs mérites propres mais aussi sur leur compatibilité avec une politique ambitieuse, prioritaire, de redressement productif.

Quelle industrie ?

De quelle industrie parle-t-on ? Réindustrialiser ne signifie pas reconstruire l'industrie des années 1980 ou 1990. Les relocalisations peuvent bien sûr être utiles et même s'imposer pour des raisons de souveraineté. Mais les causes des délocalisations n'ont pas disparu : coûts de production (coût du travail, de l'énergie, fiscalité) élevés, nécessité de produire sur certains marchés pour pouvoir y vendre. Les consommateurs ne sont pas prêts à accepter les hausses de prix qu'entraînerait le rapatriement massif de certaines productions. C'est l'industrie de demain qu'il faut attirer sur le sol national.

Une industrie technologique

Cette industrie sera d'abord technologique. La bataille sur la maîtrise des technologies fait rage entre les États-Unis et la Chine. D'autres acteurs veulent y participer : la Corée du Sud, le Japon, ou à un moindre degré l'Allemagne. L'Inde s'affirme progressivement. La France, hors ses domaines d'excellence (le nucléaire, l'aéronautique et la défense), est quant à elle trop absente. Elle ne consacre pas assez de moyens à la recherche : l'effort français se situe depuis 20 ans autour de 2,2 % du PIB contre 3,1 % pour l'Allemagne (avec un objectif de 3,5 %), 3,5 % pour les États-Unis, 4,7 % pour la Corée ! Le ballon d'oxygène du plan France 2030 est bienvenu mais ne suffit pas, loin de là, à remettre la France à niveau. Il faudra porter à 3 % – soit 20 milliards de plus par an – la recherche publique et privée pour rester dans la course. C'est une question centrale pour l'avenir de notre pays : quelle place voulons-nous occuper sur la ligne de front de la science et de la technologie ? Acceptons-nous de descendre en « deuxième division » ou voulons-nous, à la mesure de nos moyens, rester un des pays qui comptent dans l'aventure scientifique ? La Corée du Sud, pays de 51 millions d'habitants, montre que c'est possible dès lors que l'on ne succombe pas à la tentation de la résignation. La dynamique des *start-up* de la « tech » dans notre pays montre d'ailleurs qu'une génération de chercheurs et d'ingénieurs est disponible pour participer à ce renouveau de la science et de la technologie sur le sol national.

L'avancée du front technologique à laquelle il est essentiel que la France participe pour des motifs de compétitivité et de souveraineté doit s'accompagner de l'utilisation de ces technologies dans notre tissu industriel et dans nos produits. L'industrie française n'est pas en avance dans ce domaine : la pénétration du numérique dans nos PME est trop lente ; l'utilisation de la 5G est insuffisante. Plus globalement l'Europe et la France ne font pas exception, prennent un retard préoccupant par rapport aux États-Unis et à la Chine en matière de gains de productivité. C'est une des raisons qui en fait une zone de faible croissance avec un vrai risque de décrochage.

L'intelligence artificielle

La grande question va être maintenant la mise en œuvre de l'intelligence artificielle. Des programmes nationaux et européens ont été lancés. La France n'est pas mal placée en

Europe. Mais pesons-nous vraiment face aux gigantesques projets des GAFAM (Google, Apple, Facebook, Amazon, Microsoft) ? Les investissements aux États-Unis dans la « tech » sont cinq fois plus élevés qu'en Europe et, pour la seule IA, l'écart est beaucoup plus grand ! Le risque est que se reproduise ce que nous avons connu avec les plateformes internet, c'est-à-dire un monopole américain auquel n'échappe que la Chine. L'Europe est au pied du mur : sera-t-elle capable de relever ce défi (auquel il faut associer celui des semi-conducteurs) et de mobiliser les moyens pour cela ?

Une industrie écoresponsable

L'industrie de demain sera écoresponsable. Cela signifie d'abord que l'industrie va devoir fournir un effort considérable d'investissements de décarbonation. Ces investissements ne sont pas rentables à court terme et se substituent dans les entreprises à des investissements de modernisation ou de compétitivité. Pour résoudre ce dilemme, l'Europe et les États-Unis ont adopté deux voies différentes ; d'un côté, l'Europe privilégie une règlementation de plus en plus stricte et un prix du carbone croissant. On punit les émissions de CO_2. Des aides publiques sont autorisées mais largement laissées à la charge des États avec de grandes disparités selon les capacités de financement public. Les États-Unis ont choisi non pas de réglementer mais de financer, très largement et sur fonds publics, la décarbonation. Le programme IRA dédié à ce financement s'élève à 415 milliards de dollars ; il s'ajoute à d'autres plans qui impactent également l'industrie (plan de rénovation des infrastructures, *Chips Act*, etc.) : le total dépasse 1 000 milliards de dollars ! Parallèlement sont adoptées des mesures ouvertement protectionnistes pour donner le temps à l'industrie de s'adapter. Ajoutons que celle-ci bénéficie d'une énergie deux à quatre fois moins chère que l'industrie européenne. On ne peut s'étonner que les industriels européens les plus émetteurs ou les plus consommateurs d'énergie soient tentés de franchir l'Atlantique. L'Europe et les pays européens n'ont certes pas les capacités d'emprunt quasiment illimitées liées au privilège monétaire américain. Cela n'excuse pas la frilosité européenne qui pourrait aller beaucoup plus loin dans la mobilisation financière autour d'une industrie écoresponsable. Le recours à l'endettement public ne pourra pas être évité si l'on ne veut pas que l'industrie européenne s'épuise à financer les investissements de transition au détriment des investissements d'innovation et de productivité qui conditionnent son avenir. Une capacité importante d'endettement existe au niveau européen. Il faudra y recourir. En France, il ne faut pas exclure, comme le propose le rapport Pisani-Mahfouz, le recours à un impôt spécifique sur les gros patrimoines.

Une ancienne ministre de l'Industrie, Agnès Pannier-Runacher, a eu cette formule heureuse : « L'industrie, c'est 20 % du problème (des émissions de carbone en France) et 100 % des solutions. » Elle avait raison. Toutes les réponses aux questions posées par la transition énergétique et écologique font appel à l'industrie : batteries, hydrogène, éoliennes, photovoltaïque, nucléaire, plastiques biodégradables, agroalimentaire, santé… L'industrie de demain, c'est pour une large part cette industrie-là. La France peut y trouver un des leviers de sa réindustrialisation. Mais rien n'est acquis. La bataille est d'ores et déjà rude. Nous aurons besoin d'une politique volontariste pour stimuler et soutenir les initiatives industrielles. La Chine, en s'appuyant sur son immense marché intérieur en fait largement protégé de la concurrence extérieure et en subventionnant discrètement, a déjà pris de l'avance sur des productions stratégiques : panneaux solaires, éoliennes, batteries, électrolyseurs. Face à cette offensive, l'Europe doit appliquer enfin concrètement le principe de réciprocité, sur l'accès aux marchés publics, le contenu carbone des produits ou les réglementations de sécurité. Elle doit aussi se poser la question de limitations temporaires des importations pour laisser le temps aux industries européennes d'atteindre la maturité sans subir de plein fouet dès le départ une concurrence disproportionnée et parfois déloyale.

Une industrie électrifiée

L'industrie de demain sera électrique à mesure qu'elle se décarbonera. La réindustrialisation va dépendre de la disponibilité d'une électricité abondante, compétitive, et bien sûr décarbonée. Elle devra être également indépendante ; c'est la leçon de la grave crise énergétique créée par la guerre en Ukraine. La demande d'électricité va croître fortement du fait que la décarbonation concerne également la mobilité et le logement. D'ici 2050, la consommation d'électricité devrait passer de 460 à 800 ou 900 térawatts heure. Les énergies intermittentes (solaire, éolien) peuvent jouer un rôle de complément mais n'étant pas pilotables, elles ne peuvent garantir la couverture des pointes de consommation. Le recours à la biomasse ne peut être que limité sauf à concurrencer les cultures alimentaires ou les nouveaux carburants. L'hydraulique est, en France, pratiquement aux limites de son potentiel. En fait, seul le nucléaire répond à l'ensemble des contraintes et peut donner à l'industrie française un vrai avantage compétitif. Un mix 70 % nucléaire, 30 % renouvelables paraît être, à terme, le plus favorable.

La France a perdu deux décennies de politiques énergétiques erratiques. Depuis le discours de Belfort du président Macron en mars 2022, elle a rouvert la perspective du nucléaire. Il faut maintenant accélérer et sans doute amplifier le programme annoncé (6 + 8 réacteurs EPR) en le portant à 20 à 25 réacteurs d'ici 2050, travailler sur les petits réacteurs (SMR) et surtout préparer la suite en s'engageant résolument sur la voie des réacteurs à neutrons rapides qui assureraient l'indépendance totale de la filière nucléaire française. Il faudra enfin poursuivre le combat engagé (notamment vis-à-vis de l'Allemagne et de l'Autriche) avec onze autres pays européens pour faire reconnaître le nucléaire comme une solution d'avenir pour la production d'une électricité décarbonée. Le nucléaire pourrait alors bénéficier de l'ensemble des financements disponibles en Europe (notamment, la BEI) au même titre que les énergies renouvelables.

Deux goulots d'étranglement à lever

Le premier concerne l'accès aux matériaux stratégiques. Cela intéresse aussi bien les batteries ou les semi-conducteurs que les éoliennes et les panneaux solaires ; l'Europe et la France sont en fait dépendants de producteurs et de raffineurs extra-européens pour des matériaux indispensables à la maîtrise de la transition énergétique. La Chine s'est rendue incontournable : elle contrôle des gisements de cobalt au Congo ; elle assure 40 % des capacités mondiales de raffinage pour le cuivre et le nickel, 65 % pour le cobalt et le lithium, 90 % pour les terres rares. L'Europe peine à impulser les politiques nécessaires pour faire face à cette menace. La France mène ses propres actions ; il est essentiel qu'elle ne relâche pas l'effort.

Les compétences

Le deuxième défi est celui des compétences et de l'attractivité de l'industrie pour les jeunes. La réforme de l'apprentissage est un succès – coûteux – avec le doublement du nombre d'apprentis. Il faut maintenant mieux le diffuser. En effet 73 % des contrats concernent le bac et au-dessus et seulement 27 % le niveau CAP. Ceci n'est pas sans lien avec la situation des lycées professionnels, voie subie et non choisie par plus du tiers des élèves au moment même où on veut les attirer vers l'industrie. Les mesures adoptées en 2023, pour utiles qu'elles soient, restent insuffisantes. Une grande réforme est nécessaire : généralisation de l'apprentissage pour une durée d'un an, scolarité en quatre ans (et non en trois ans) pour maintenir le volume des formations générales, association des entreprises à la gouvernance des lycées… Cela ne pourra, bien sûr, se faire que si le corps enseignant y adhère et s'y trouve valorisé.

Un mot sur le drame des mathématiques. Sans mathématiques, pas de chercheurs dans les « sciences dures », pas d'ingénieurs et de techniciens dans les usines. L'affaiblissement des mathématiques dès le primaire en France, constaté dans les comparaisons internationales, nécessite une réaction urgente et « massive » qui concerne aussi bien l'attractivité du métier d'enseignant, les méthodes d'enseignement que la place réservée aux mathématiques dans les programmes.

Venons-en au cadre de la politique de réindustrialisation.

Les dynamiques territoriales

Une première remarque : cette politique n'est pas seulement le fait de l'État. La Fabrique de l'industrie a montré dans une série de monographies qu'il y a des territoires en France qui ont réussi à enclencher un processus d'industrialisation en mobilisant leurs énergies, en coordonnant l'action des collectivités locales, des entreprises, des structures de formation, des syndicats. C'est le cas de la Vendée, du bassin de Vitré, de la plaine d'Alsace, du bassin de Figeac ou de celui d'Alès. L'État est rarement à l'origine de ces dynamiques mais il lui revient de les soutenir, notamment en mettant en œuvre un véritable aménagement du territoire : développement d'infrastructures de transport ou de très haut débit, structures de formation avec les régions, maintien des services publics indispensables... Constatons enfin que, sur ces territoires, une nouvelle génération d'entrepreneurs émerge qui souhaite agir localement, raisonne beaucoup plus que les générations précédentes en termes de coopération, et est très sensible à ses responsabilités environnementales et au « made in France ». Leurs entreprises agissent selon des modèles économiques de proximité autant pour leurs approvisionnements que pour la vente de leurs produits. Il y a là un « gisement » de réindustrialisation qu'il ne faut pas sous-estimer.

Un grand ministère de plein exercice

La mise en œuvre d'une politique de réindustrialisation nécessite la mobilisation cohérente et persévérante de plusieurs politiques publiques. Nous reviendrons sur ce point. Mais assurer cette cohérence dans la durée suppose d'abord la création d'un ministère de l'Industrie, de l'Énergie et de la Recherche technologique de plein exercice. La situation actuelle regroupant enfin l'industrie et l'énergie dans un ministère délégué est un progrès, mais elle ne donne au ministre ni la visibilité ni l'autorité dont il a besoin au sein du gouvernement. Ce ministère devrait partager avec le Premier ministre la responsabilité de gérer France 2030, programme de 54 milliards d'euros dédié essentiellement à de grands projets technologiques. Il conviendrait d'ailleurs de disposer (comme aux États-Unis) d'opérateurs assurant la coordination et la gestion des moyens dans certains champs technologiques prioritaires : le quantique et l'intelligence artificielle, la santé en particulier, à l'instar du CNES pour l'espace ou de la DGA pour la défense.

La politique de l'offre menée depuis une dizaine d'années qui s'est traduite par la baisse de charges sociales et des impôts de production ou le lancement d'un programme comme France 2030 a eu un mérite essentiel : elle a stoppé le processus de désindustrialisation. Le nombre d'usines créées excède désormais le nombre de celles qui ferment ; l'attractivité de la France vis-à-vis des investisseurs étrangers s'est sensiblement renforcée, le nombre de *start-up* industrielles progresse de manière encourageante. Mais le « juge de paix » que constitue le solde du commerce extérieur des produits manufacturés ne s'améliore pas et reste même nettement plus dégradé qu'avant le Covid. L'augmentation du prix de l'énergie et l'agressivité commerciale chinoise notamment dans l'automobile constituent de nouveaux et redoutables défis.

La planification de l'action publique

Cela ne signifie pas que les efforts accomplis n'ont servi à rien mais qu'il faut au contraire les amplifier, les mettre en cohérence et en visibilité. Lorsque l'on mesure la diversité des politiques publiques impliquées dans la réindustrialisation et lorsque l'on sait que ces politiques devront être menées dans la longue durée, on voit bien qu'une véritable planification de l'action publique est nécessaire. La Corée s'y livre avec le succès que l'on connaît depuis des décennies, mais aussi à sa manière l'Amérique de Biden, notamment avec l'*Inflation Reduction Act*. Quelles sont les caractéristiques de cette planification ? Ce doit d'abord être un exercice démocratique, parce que cela concerne directement les Français et parce qu'il faut que ceux-ci prennent conscience de la priorité et de l'urgence de l'effort de « redressement productif ». Cela veut dire que ce sujet doit faire l'objet d'un dialogue social et d'un large débat dans le pays avant d'être soumis au Parlement.

Le Plan pourrait prendre la forme d'un ensemble articulé de lois de programmation ; concernant la recherche, la technologie et l'innovation, la transition écologique, l'énergie et le développement du nucléaire, les compétences et la formation technique ou l'aménagement du territoire. Le commissariat au Plan coordonnerait la préparation des lois de programmation, veillerait à leur cohérence et suivrait leur mise en œuvre. Un conseil du Plan se réunirait à échéances régulières sous la présidence du président de la République. Il s'agit de concrétiser vis-à-vis du pays la priorité donnée au redressement productif.

Ainsi, celui-ci peut devenir un grand projet collectif, capable de réunir les Français et de leur redonner le goût de l'avenir face au sentiment de déclin qui les mine. Il peut être le support d'un patriotisme orienté vers l'action. Si la France veut être en mesure de retrouver des perspectives de croissance, maîtriser son destin et continuer à être écoutée en Europe et dans le monde, elle doit prendre le chemin exigeant de sa réindustrialisation. Les Français sont désormais prêts à entendre un tel discours.

Réconcilier Écologie, Progrès et Industrie

Franck Dedieu

« D'où parles-tu camarade ? » Ce slogan de Mai 68, en forme d'interrogation, suscite peu de commentaires comparé à ses équivalents de l'époque. Celui-ci personne ne semble effectivement en faire l'exégèse à la différence de cet « interdit d'interdire » ou de cette équation peu glorieuse « CRS = SS ». Il suggère à bon droit de réfléchir à la position de l'orateur sur le terrain idéologique, à son but caché, à ses intérêts personnels ou « de classe » pour reprendre la terminologie idoine. Mais passer tout propos au tamis de cette injonction conduit à ne plus s'intéresser au discours. Le « D'où parles-tu ? » finit par évincer le « Que dis-tu ? ». Surtout quand le sujet de la conversation porte sur le progrès et l'écologie, sur la croissance et l'environnement. Quatre mots piégés, piégeux ou conditionnés par ce fameux slogan, la majorité des débatteurs « range » l'autre dans des cases prédéfinies. Une réflexion sur la *décroissance* ne vient pas forcément d'un zadiste accroché à un arbre et opposé à toute idée du progrès. Bien sûr, ce mot-là charrie avec lui des représentations du monde souvent naïves et juvéniles, parfois portées par une bourgeoisie citadine, mais pourquoi s'en tenir à cela ? Les objecteurs de croissance incitent à réfléchir sur les dangers et l'absurdité de la surconsommation. Certains d'entre eux peuvent opportunément pointer du doigt les méfaits de la technologie ou de l'« omnimarchandisation », pour reprendre l'expression de l'économiste Serge Latouche, et, dans le même propos, souligner les vertus de la production et du travail.

Symétriquement, les tenants de la *croissance verte* ne s'apparentent pas tous à des auxiliaires du patronat, missionnés par le grand capital pour trouver un habillage écolo à leur système de production. Évidemment, quelques disciples du *développement durable* – cette « politique de l'oxymore » selon le bon mot de Bertrand Méheust[1] – font leur apostolat dans le CAC 40 et y voient un moyen commode de marier le parquet de Wall Street avec les toits végétaux des quartiers branchés, la corbeille de la bourse avec les corbeilles de fleurs. À entendre ces *solutionnistes* du haut clergé économique, recycler à l'infini vaudrait licence pour consommer de tout son saoul des produits venus du bout du monde. Capter le CO_2 donnerait un blanc-seing aux faucheurs de forêts, aux pollueurs d'océans drapés dans la bonne conscience du progrès. Encore aujourd'hui, comme disait Péguy un siècle plus tôt, « le monde moderne [...] fait le malin [...], le monde des intelligents, des avancés [...] tout entier tendu à l'argent ». Pour autant tourner le dos aux innovations par principe tiendrait de la paresse intellectuelle. Peut-être même d'une forme de défiance dans la capacité humaine à trouver des solutions. Pourquoi balayer d'un revers de main l'économie circulaire, la chimie végétale, ou encore la biomasse ? Elles ne feront pas tout, certes, mais elles ne feront pas rien. Elles généreront peut-être des

1. Bertrand Méheust, *La Politique de l'oxymore*, Paris, La Découverte, 2009.

rentes à une poignée d'investisseurs mais aussi du travail à plusieurs professions (techniciens, ingénieurs, ouvriers).

Oublier donc le « D'où parles-tu camarade ? » et revenir au « Que dis-tu ? » mais répondre à cette troisième interrogation, celle de Lénine posée en 1901 : « Que faire ? » Ne pas caricaturer la décroissance, ni la croissance verte sa rivale en matière écologique. Ne pas non plus faire des deux une synthèse, science de l'édulcorant et du dénominateur commun inepte. La critique de la surconsommation et l'éloge de l'industrie, la condamnation du gâchis et la défense du progrès peuvent parfaitement aller de conserve et remplir les objectifs des républicains authentiques attachés à la justice sociale et aux intérêts de la nation. Encore une fois, il ne convient pas de réaliser un dosage idéal, un « en même temps » verdi, mais de réfléchir aux modalités de convergence entre l'environnement et la manufacture, entre l'écologie et le progrès.

Le Vert et le Made in France

Sous d'autres contraintes et en d'autres temps, John Maynard Keynes tente lui aussi de résoudre un apparent antagonisme : la liberté du commerce et la protection de l'industrie. L'économiste anglais croit aux deux, connaît les limites de leurs partisans respectifs et n'entend pas les mélanger pour en faire un cocktail insipide. Il va pourtant les unir en juin 1933 dans un article publié par *The Yale Review* sous le titre : « De l'autosuffisance nationale[1] ». Pour les faire cohabiter, pense-t-il, il faut réduire le cadre d'application. À l'échelle internationale, ils s'opposent et ruinent les ouvriers ; à l'échelon national, ils se complètent

1. Reproduit dans Keynes John Maynard, *La Pauvreté dans l'abondance*, Paris, Gallimard, 2002.

et invitent à la concorde. La méthode – pour ne pas dire l'astuce – keynésienne revient donc à contracter les distances. À accepter les préceptes des deux notions supposément opposées mais à raccourcir le champ de leur pratique. Tout l'argumentaire vert du *Made in France* repose sur cette vertu du local. Il engage à produire sur le sol national – donc pas de décroissance – mais il réduit dans le même élan patriotique les émissions de CO_2. La globalisation non régulée fait tout le contraire. Elle fractionne en de multiples tâches et endroits le processus de production et conduit chaque objet à parcourir des distances absurdes sur fond de moins-disant social à toutes les étapes.

Sur la foi des scrupuleux pointages kilométriques réalisés par Arnaud Florentin, économiste au cabinet Utopies, entre le lieu de production et celui de consommation, les poupées traversent 8 998 kilomètres, le bœuf surgelé 8 157, les téléphones portables 7 878, les chemises pour homme 7 300, les lunettes 6 700[1]. Pas besoin d'un diplôme en environnement pour imaginer l'effroyable bilan carbone de ces traversées en bateau. Le transport maritime mondial émet à lui seul autant de CO_2 que toute l'Allemagne, il prendrait ainsi le septième rang mondial des pays les plus polluants. À cette arithmétique économique répond une conclusion politique : la couleur verte des écologistes et le drapeau tricolore du *Made in France* peuvent trouver un terrain d'entente autour de la relocalisation. Pourtant rétifs à l'idée du protectionnisme, les eurodéputés verts français comme les socio-démocrates et pratiquement l'ensemble de la droite votèrent d'ailleurs contre le traité de libre-échange

1. Franck Dedieu, « Produire en France, protéger les industries du dumping social, faire de l'État un visionnaire… "Reprendre le contrôle" ? Chiche ! », *Marianne*, mai 2020.

entre l'UE et la Nouvelle-Zélande à l'automne 2023. Seuls leurs homologues de Renaissance l'approuvèrent. Dans un court et très enlevé essai, Régis Debray[1] oppose pourtant avec un certain délice « le siècle vert » actuel aux décennies rouges du passé, confronte le rêve d'un monde sans carbone à la vieille lubie d'une société sans classe. « On vivait au départ une révolution, on finit par une correction de tir », conclut le philosophe. Ils voulaient changer *la* vie, ils devraient ainsi se résoudre à changer *de* vie. « Succédané acceptable », estime-t-il d'ailleurs dans le même essai en guise d'espoir. Deux lettres de différences ne font forcément deux mondes opposés. Évidemment quelques écolos libéraux dans années 1990-2000, associés à la « gauche kérosène » – pour reprendre la belle formule du philosophe Jean-Claude Michéa –, s'accommodèrent fort bien de l'ère postindustrielle et de l'extension infinie des distances commerciales. Mais, plus personne n'ose sérieusement opposer l'écologie à l'industrie si le producteur se rapproche du consommateur. À y regarder de plus près, raccourcir cette distance revient sinon à *changer la* vie du moins à *dévier l'économie*. Acheter un téléviseur à écran plat *Made in China* pour 299 euros et le changer régulièrement ou payer un tel produit 800 euros fabriqué en France avec la promesse de le garder longtemps correspond à deux mondes différents. Dans le premier, le consommateur contribue malgré lui à baisser le coût horaire de la main-d'œuvre, à augmenter le nombre de fuseaux horaires traversé par sa télé destinée dans peu de temps à la décharge. Dans le deuxième, il réduit la pression salariale sur son concitoyen comme le bilan carbone de son produit. Vu le prix payé,

1. Régis Debray, *Le Siècle vert, un changement de civilisation*, Paris, Tracts Gallimard, 2020.

il peut s'engager d'ailleurs à le faire réparer et à créer des emplois à cet effet. Sur la base d'estimations faites dans un rapport parlementaire européen[1], 1 % de déchets en moins généreraient 40 000 postes de réparateurs supplémentaires en France. Le journaliste de *Marianne* Périco Légasse applique une formule au secteur de l'agriculteur mais congruente à celui de la manufacture : « moins mais mieux[2] ». Faudrait-il ajouter : « Et plus près. » Et sans doute aussi cet avertissement : « ne pas y voir un mot d'ordre décroissant ». Après quatre décennies de concurrence sauvage et sans frontières, la surconsommation ne crée pas de débouchés à la production agricole et industrielle nationale mais au contraire lui ferme des portes. Comme au siècle de Marx, l'industrie capitaliste jetait le monde de l'échoppe et de la boutique dans le prolétariat ; aujourd'hui, la consommation « *Made in* ailleurs » condamne le salariat aux fins de mois difficiles.

Planification écologique

Industrie, progrès et environnement peuvent donc s'adosser les uns aux autres en dépit des apparences et des slogans écolos d'un autre temps. Mais une autre contradiction dans les termes ou un malentendu mérite quelques précisions. L'environnement se cultiverait à l'échelle du local, à plat, à l'horizontale et il y pousserait ainsi du lien social. Quand la République, elle, se pense à la verticale avec un sommet, une autorité, une légitimité – des mots au singulier. Deleuze

---

1. « Rapport sur une durée de vie plus longue des produits : avantages pour les consommateurs et les entreprises », rapporteur : Pascal Durand, Parlement européen, 2017.

2. Périco Légasse, « La ferme aux 5 000 vaches… Emmanuel Macron, Janus des usines à barbaque », *Marianne*, mai 2024.

et Guattari, auteurs de la *French Theory*, consacreront des pages entières à nourrir cette dichotomie entre vertical et horizontal et par extension entre environnement et État. Ils prendront d'ailleurs une image naturaliste, celle du rhizome[1], « [une] tige souterraine, [...] ramifiée en tous sens, [...] connectée avec n'importe quel autre [...] à des modes d'encodage très divers, chaînons biologiques, politiques, économiques [...] Un rhizome ne commence et n'aboutit pas, il est toujours au milieu, entre les choses, inter-être, intermezzo. L'arbre est filiation, mais le rhizome est alliance ». Toute relation s'entremêle, se confond, s'unit et se désunit sans référence à un centre, à une autorité institutionnelle[2]. Cette pensée nourrira pendant longtemps chez les Verts une méfiance à l'endroit de l'État interventionniste, industrieux et centralisé mais aujourd'hui, plus personne n'hésite à parler « planification écologique ». Jean-Luc Mélenchon hissait cette paire de mots au sommet de son programme en 2022. Dans l'entre-deux-tours, Emmanuel Macron l'utilisa sans ciller. Et les Verts eux-mêmes voient dans l'État l'instrument pour retrouver les vertus du temps long. Verts intransigeants et Républicains véritables, tous derrière le Plan avec son titre de stratège et sa longue-vue ? Pourquoi pas. Le chantier de la rénovation thermique des bâtiments contient des promesses de créations d'emplois, d'économies énergétiques, de progrès technologiques suffisantes pour mettre tout le monde d'accord. Dans *Comment bifurquer*, le sociologue Razmig Keucheyan et l'économiste Cédric Durand envisagent des réformes économiques

1. Cité dans Franck Dedieu, « Le Patriotisme économique à travers le cas de cinquante firmes industrielles françaises », Thèse de doctorat en sciences économiques, soutenue en juin 2019.

2. Gilles Deleuze, Félix Guattari, *Mille Plateaux, capitalisme et schizophrénie 2*, Paris, Éditions de Minuit, coll. « Critique », 1980.

en profondeur[1]. Reste, plus trivialement la question des moyens financiers.

En mars 1946, le Plan estimait les investissements de reconstruction et de modernisation à plus de trois fois le total du revenu national de 1945, selon l'historien Olivier Feiertag, auteur d'un article très complet sur le sujet publié dans la revue *Matériaux pour l'histoire de notre temps*. Impensable en ces temps de disette budgétaire. Plus modestes dans les montants deux économistes, Michel Lepetit et Gaël Giraud, suggèrent de commencer par la rénovation thermique de tous les bâtiments publics[2]. Écoles, lycées, bureaux de poste, mairies, gymnases ouverts aux quatre vents et donc fort coûteux à entretenir et à chauffer. Chaque million d'euros engagé génèrerait quinze emplois selon leurs calculs. Sans parler des économies d'énergie à prendre en compte dans l'équation budgétaire. À titre d'exemple, la Fondation Abbé Pierre et EDF accordent depuis des années des prêts pour isoler des logements transformés au fil du temps en passoires thermiques. Les 2 000 familles en précarité énergétique aidées par l'association économisèrent 63 % de leur facture (900 euros par an chacun). Ce courant interventionniste écolo se trouve d'ailleurs un allié de poids en la personne… du pape François. « Face à la possibilité d'une utilisation irresponsable des capacités humaines, planifier, coordonner, veiller, et sanctionner sont des fonctions impératives de chaque État », écrit-il dans sa dernière encyclique *Laudato Si'*[3]. Pour rele-

1. Razmig Keucheyan, Cédric Durand, *Comment bifurquer, les principes de la planification écologique*, Paris, Zones, 2024.

2. Franck Dedieu, Natacha Polony et Soazig Quéméner, « L'écologie mérite mieux que les écologistes », *Marianne*, juin 2019.

3. Pape François, « Lettre encyclique, *Laudato Si'* sur la sauvegarde de la maison commune », juin 2015.

ver le défi climatique, il faut sans doute de la foi, mais aussi des ingénieurs, des investisseurs, des écologistes, des républicains. Tout le monde ou presque. Une légende urbaine prête à Clemenceau cette citation : « Quand la maison brûle, on ne demande pas la carte d'identité à ceux qui font passer les seaux d'eau. »

La filière nucléaire et l'indépendance énergétique de la France

Yves Bréchet

La création de richesses est fondamentalement liée à la transformation de matière en produits par le truchement de l'énergie. C'est la condition première d'une économie souveraine. Une économie de services ne fait sens que dans une économie où la disponibilité des biens n'est pas menacée ni asservie à une domination étrangère. Sans quoi une économie de services n'est rien de plus qu'une économie de serviteurs. Une économie souveraine ne peut se dispenser d'intégrer la transformation de la matière en matériau, et des matériaux en produits manufacturés. La souveraineté industrielle présuppose donc une souveraineté énergétique et si possible une variété d'approvisionnement du côté des matières.

L'indépendance en termes de matières est difficile à assurer dans des pays comme la France qui dispose de peu de ressources minières, pour cette raison simple que la ressource minière est localisée, et que certaines ressources sont détenues de façon quasi monopolistique par certains pays. Il suffit de rappeler la dépendance dans les terres rares, ou dans les ressources en lithium, dont le cycle de transformation est très largement dominé par la Chine. La souveraineté en termes de ressources en matières est liée à la variété des approvisionnements, et aux équilibres géopolitiques qui les rendent accessibles.

L'indépendance en termes énergétiques présente un degré de complexité supplémentaire. Tout transport d'énergie se traduit par des pertes, plus ou moins importantes suivant la nature du vecteur énergétique, et toujours plus importantes quand la distance entre le lieu de production et le site de consommation est plus grande. En conséquence, l'énergie peut et doit être produite localement c'est-à-dire au voisinage des sites de son utilisation. De plus, les exigences de plus en plus pressantes liées à la crise climatique et à l'épuisement progressif des ressources imposent que cette énergie soit décarbonée, et que l'usage des matières pour la produire soit parcimonieuse. En outre, l'industrie de l'énergie est plus complexe que la transformation de matière en ce sens qu'il faut distinguer la source d'énergie, le vecteur énergétique, et la disponibilité de l'énergie pour sa consommation, ce qui pose la question de son stockage si la production et la consommation sont décalées dans le temps. Penser une politique énergétique souveraine suppose de réfléchir en même temps à la production d'énergie (et donc à la matière nécessaire comme ressource et aux technologies de production), au transport de l'énergie (et donc au vecteur énergétique aussi bien qu'aux réseaux de transport) et à l'usage de l'énergie (et donc aux différents secteurs énergivores dans une économie donnée). Le tout dans une optique de décarbonation de notre économie et d'usage économe des ressources, en termes de matière, mais aussi en termes d'emprise au sol.

Le vecteur électrique comme outil de décarbonation de l'économie

Les vecteurs énergétiques envisageables dans nos économies industrielles sont les hydrocarbures, l'électricité, la chaleur et l'hydrogène.

Les premiers sont faciles à transporter et à stocker, et la densité énergétique est importante : cela explique leur succès historique et leur dominance jusqu'à ce jour. Mais leur transformation finale en usage (pour le transport, le bâtiment et l'industrie) est fortement émettrice de CO_2, et donc la tendance longue est de limiter l'importance de ce vecteur.

L'électricité est un vecteur énergétique facile à transporter et difficile à stocker. Il est naturel donc, pour produire ce vecteur, de le produire de façon centralisée et de le distribuer, à la condition qu'il soit disponible au moment où la demande se fait sentir. C'est la raison profonde, que Marcel Boiteux avait bien vue, pour laquelle la libéralisation du marché de l'électricité est un non-sens économique.

La chaleur est un vecteur énergétique facile à stocker, mais en quantités encore limitées, et est difficile à transporter. Il est naturel donc de produire ce vecteur localement et de l'utiliser localement.

L'hydrogène cumule les défauts : il est difficile à transporter et difficile à stocker, énergivore pour le produire et le distribuer, et de plus sa production décarbonée est très coûteuse. C'est pour cela qu'il est probable que son usage comme vecteur énergétique sera limité à des niches applicatives (flottes captives dans le transport) ou à son usage en tant qu'auxiliaire chimique (dans les engrais, ou pour la production de l'acier), à condition que l'équation économique soit réalisée.

Cette analyse en termes de contraintes technico-industrielles permet de comprendre que la décarbonation d'une économie industrielle passe par son électrification quand cela est possible : cela vaut pour le transport (véhicules électriques), pour le bâtiment (pompes à chaleur par exemple) et pour l'industrie (électrification des procédés).

Les technologies de production de l'électricité : le choix du nucléaire

Une fois établie cette prédominance naturelle de l'électricité comme vecteur énergétique d'une économie industrielle, la question de sa production décarbonée se pose, et naturellement la question de la ressource nécessaire pour la produire. Les modes de production d'électricité décarbonée sont majoritairement l'hydraulique, les énergies renouvelables, éoliennes et solaires, le nucléaire et la géothermie.

L'hydraulique et la géothermie nécessitent des sites favorables (pour construire les barrages, ou pour déployer les canalisations pour la géothermie). Les capacités de déploiement de ces outils de production sont très variables d'un pays à un autre. La France, de longue date, a exploité ses ressources hydroélectriques (15 % de notre électricité), mais les sites restant inexploités sont rares.

Les énergies renouvelables, éoliennes et solaires, requièrent des espaces importants et des matériaux rares, et nécessitent des moyens de stockage massifs si on veut les introduire sur les réseaux électriques sans risquer de les déstabiliser. Les ressources en terres rares pour les aimants permanents, ou en cuivre si on veut avoir un double bobinage, nous mettent clairement en dépendance de la Chine pour les éoliennes, et il y a belle lurette que 90 % des cellules photovoltaïques viennent de l'empire du Milieu ! La question du stockage et de la nécessité de stabilisation des réseaux électriques s'est rappelée douloureusement à notre attention avec la guerre en Ukraine qui a révélé la dépendance de l'Allemagne et, par voie de conséquence, de l'Europe vis-à-vis du gaz russe ! Le Danemark a pu développer un parc éolien conséquent qui décarbone son mix électrique, grâce à l'hydraulique de réservoirs de son voisin norvégien. L'Allemagne assurait la stabilité de son réseau par le gaz, et a dû reconstruire des centrales à charbon pour pallier l'arrêt de son parc nucléaire, puis la fin du gaz russe. Tant que des moyens de stockage massif d'électricité ne seront pas techniquement disponibles, un mix électrique dominé par des énergies intermittentes est condamné à développer en parallèle des sources pilotables, ce qui revient à doubler la puissance installée pour garantir la disponibilité de la ressource électrique.

Le nucléaire nécessite d'avoir accès aux ressources en uranium, de penser l'ensemble du cycle du combustible de la mine au stockage des déchets et de maîtriser la technologie des centrales nucléaires. C'est ce choix du nucléaire qui a été fait dans les années 1970 par le lancement du plan Messmer, en réponse à la crise pétrolière. La situation à l'époque était différente : la question de la décarbonation de notre économie ne se posait pas encore, mais la question de la souveraineté énergétique était majeure. La France ne disposait ni de pétrole, ni de charbon, ni de gaz, le potentiel hydroélectrique était limité, et les énergies renouvelables n'étaient pas au degré de développement industriel où elles sont aujourd'hui. La maîtrise des technologies nucléaires nous donnait un atout scientifique et technique que Pierre Messmer et Georges Pompidou ont eu la sagesse de saisir. Le choix fait d'une filière unique (avec l'achat de la licence *Westinghouse* pour les réacteurs aux eaux pressurisées, puis la francisation de la licence), la montée en puissance d'un chaudiériste français (Framatome), d'une filière complète du combustible depuis la mine jusqu'au retraitement (COGEMA), la mise en place d'une ingénierie de mise en œuvre et de construction des centrales menée de main de maître par Michel Hug à EDF, une collaboration étroite entre l'exploitant dirigé par Marcel Boiteux, et le CEA pour la recherche dirigé par André Giraud, le tout sous la tutelle de la direction générale de l'énergie et des matières premières, ont été autant d'atouts qui ont permis à la France de se doter d'un parc électronucléaire remarquable de par son homogénéité, et sa qualité. Les autorités de sûreté de l'époque, et notamment le fameux BCCN (contrôle des chaudières nucléaires), avaient à cœur de contrôler certes, mais aussi d'aider à construire pour avoir une sécurité de fonctionnement indispensable. Mais cette réalisation exemplaire de la France a pu se déployer d'abord parce qu'il y avait une volonté politique forte et stable, parce que l'intérêt du pays était la seule boussole, parce que l'indépendance énergétique était au cœur des préoccupations, parce que le pouvoir politique savait s'appuyer sur des experts qui avaient, en plus de leurs compétences, des valeurs communes. Il fallait du courage pour se tenir à une seule filière quand Ambroise Roux pesait de tout son poids pour avoir au bénéfice de la CGE une filière à eau bouillante. Il fallait du courage pour renoncer à la filière « graphite gaz » portée par le CEA, parce que l'érosion du graphite interdisait la montée en puissance. Il fallait la vision de long terme d'un Georges Besse pour lancer à la fois les usines d'enrichissement de Pierrelatte, et l'usine de retraitement de La Hague. Et il fallait enfin une véritable vision de l'indépendance pour lancer les études sur la filière à neutrons rapides, pour assurer l'indépendance à venir vis-à-vis des ressources minières, pour réutiliser le plutonium et l'uranium appauvri dans les réacteurs à neutrons rapides, idée qui fut admirablement mise en œuvre sous la férule exigeante de Georges Vendryes, allant à la construction de Phénix et de Superphénix.

Une lente descente aux enfers

Cette volonté politique ferme, transpartisane, s'est effritée en même temps qu'était acquise l'indépendance énergétique du pays réalisée par le programme électronucléaire. La montée en puissance d'une écologie politique qui a fait du rejet du nucléaire une marque existentielle a réduit ce programme exemplaire à une monnaie d'échange dans de mesquins arrangements politiques. L'abandon de la filière à neutrons rapides, concrétisé par l'arrêt de Superphénix donné en pâture à Dominique Voynet par Lionel Jospin, l'absurde politique du 50 % de nucléaire préparée par Martine Aubry et Cécile Duflot qui devint, sans la moindre étude d'impact ni de faisabilité, le mantra de François Hollande, et enfin l'arrêt de Astrid par Emmanuel Macron, Élisabeth Borne et Alexis Kohler dans une logique de chef comptable sans vision, sont certainement les actes politiques les plus spectaculaires, mais la droite n'est pas en reste en matière de décisions stupides : la libéralisation du marché de l'électricité, la loi Nome, l'Arenh sont autant de décisions qui ont appauvri EDF. Le suivisme aveugle de la politique allemande en Europe a conduit aux inepties portées par le *Green Deal*, où notre pays, qui a la plus faible empreinte carbone de l'Union européenne, se voit condamné à payer des amendes pour n'avoir pas assez développé les énergies renouvelables, autrement dit pour n'avoir pas assez décarboné une électricité déjà décarbonée. Ubu roi ! Il en est résulté un exploitant en permanence sur la défensive, une autorité de sûreté qui dérive vers une organisation bicéphale résultant d'une prise de pouvoir médiatique d'un IRSN bavard et peu soucieux du rapport coût-bénéfice de ses exigences, une politique industrielle anémique qui ne construit plus rien, hors la Chine ou le Royaume-Uni, et qui occupe son ingénierie à des projets pharaoniques qu'elle conçoit en roue libre sans impliquer les équipes décimées par deux décennies d'absence de chantier. Tout cela sur fond de désindustrialisation qui a vu massacrer non seulement le nucléaire, mais quasiment toutes nos filières industrielles à l'exception de l'aéronautique, de l'industrie pétrolière, du génie civil... et du luxe ! Tout cela dans une méfiance vis-à-vis des sciences et de l'industrie, portée par une écologie politique largement infiltrée dans les médias et dans les instances de formation des élites dirigeantes. Le résultat de ce lent pourrissement est un exploitant (EDF) exsangue, un constructeur (EDF) ankylosé/décapité par deux décennies d'action au ralenti, une filière privée de la fermeture du cycle, c'est-à-dire la quatrième génération surgénératrice, et dépendant de ses activités minières dans un monde de plus en plus tendu. Et une classe politique dans une large majorité n'osant plus revendiquer cet atout industriel, n'osant plus le défendre à Bruxelles, et plus ou moins convaincue, à force de ne plus réfléchir au fond des choses, que le nucléaire est, au mieux, une énergie de transition.

Le retour en grâce

Comme souvent en France, le sursaut vient dans l'épreuve. La guerre en Ukraine a mis au grand jour la dépendance de l'Europe au gaz russe. Les choix obstinés en matière de politique énergétique du « tout renouvelable » avaient depuis longtemps montré leur inefficacité à réduire l'empreinte CO2. Ils montrent alors la faiblesse des ENR intermittentes en matière géopolitique, faute de disposer des capacités de stockage massif afin de gérer l'équilibre du réseau. La crise du Covid a fait comprendre aux Français à quel point leur pays avait été désindustrialisé (pénurie de masques, pénurie de médicaments de base, pénuries de composants électroniques). Le mythe de la mondialisation heureuse éclate en vol, et on commence à réaliser que 90 % des cellules photovoltaïques sont importées de Chine, que les terres rares qui permettent de faire les aimants permanents des éoliennes sont cannibalisées par l'industrie chinoise et que les stratégies d'hégémonie de ce pays visent à s'approprier les ressources du continent africain. Le mythe de l'Europe naturellement bienveillante éclate aussi en vol, tout comme celui du « couple franco-allemand », quand il apparaît au grand jour non seulement que l'Allemagne impose sa politique énergétique depuis des années, avec la complicité passive des dirigeants et représentants français à Bruxelles, mais qu'avec ses alliés autrichiens, danois et luxembourgeois, elle s'oppose au renouveau du nucléaire, malgré l'alliance courageusement mise en place par Agnès Pannier-Runacher.

Ces prises de conscience permettent enfin de remettre sur la table les évidences scientifiques : le nucléaire est faiblement émetteur de CO_2, son empreinte au sol rapportée à sa capacité de production est la meilleure de toutes les énergies, son intensité en matière de béton, d'acier est la plus faible, sa létalité elle-même est extrêmement faible, rapportée au MWh produit.

Malgré les marronniers habituels relayés par les médias encore enfumés d'idéologie, le revirement d'opinion est là : la population française est à nouveau favorable au nucléaire. Et du coup, ce que les évidences techniques, industrielles, géopolitiques n'avaient pas réussi à obtenir de nos politiques, ce qui était écrit depuis plusieurs années dans les rapports du GIEC sans qu'on daigne y porter attention, le revirement de l'opinion publique le gagne. Et celui-là même qui a achevé la filière à neutrons rapides déclare avec enthousiasme qu'il faut multiplier par trois dans le monde la puissance installée nucléaire.

Les raisons d'espérer et les difficultés à surmonter

Le retour en grâce ne signifie pas pour autant que le chemin à suivre pour reconstruire ce qui a été un fleuron industriel de notre pays, et qui demeure un de ses meilleurs atouts, sera facile. Un rapport parlementaire mené de main de maître par Raphaël Schellenberger et Antoine Armand, avec une profondeur d'analyse et un sens de l'État dont on pouvait douter qu'il existât encore, sur « les causes de la perte de souveraineté énergétique de la France », a fait à la fois une analyse des causes et des recommandations sur les mesures à prendre.

La mise en place d'une délégation interministérielle au nouveau nucléaire, le renouveau du poste de haut-commissaire à l'énergie atomique, sont autant de raison d'espérer que le discours de Belfort soit, enfin, non pas seulement une déclaration de plus, mais la mise en place de décisions concrètes trop longtemps différées. Mais on juge un arbre à ses fruits, et non à ses feuilles. Il n'en reste pas moins que les difficultés qui se profilent devant nous pour un renouveau nécessaire sont nombreuses. Il faut un retour vers la stabilité des engagements de l'État. Il faut que les engagements fermes se traduisent par des décisions de construction sur le temps long de façon à rendre à cette filière industrielle son attractivité, à la fois vis-à-vis du monde du travail, et vis-à-vis du monde financier. Il faut un retour à la stabilité réglementaire. La fusion de l'ASN et de l'IRSN dans une seule entité opérationnelle, l'ASNR, ne peut qu'aider en ce sens sans perdre en indépendance et en compétence. On ne peut pas relancer le nucléaire sans un opérateur pleinement responsable face à une autorité de sûreté unique indépendante et compétente, mais on ne peut pas concevoir dans la durée et construire efficacement dans une situation où la réglementation évolue au gré des vagues et où deux institutions s'évertuent à se rendre mutuellement inefficaces, pour la plus grande satisfaction des antinucléaires (qui étaient naturellement opposés à cette fusion...).

Le renouvellement du parc a deux facettes : le « grand carénage » et la construction de nouveaux réacteurs en remplacement de ceux qui arrivent en fin de vie. La prolongation de l'exploitation des réacteurs existants, dans le cadre d'une sûreté nucléaire garantie, doit se faire avec une analyse rigoureuse des conditions de prolongation. Le renouvellement du parc et la construction de nouveaux réacteurs doivent intégrer les exigences de simplicité de la conception et de constructibilité en série des centrales, beaucoup plus efficacement que le programme EPR ne l'a fait jusqu'à aujourd'hui.

Le sérieux technique et industriel doit redevenir un prérequis. Il faut sortir de ces fantasmes de *start-up* qui ne sont ni analysés techniquement, ni financièrement robustes. Quand on parle de s*tart-up* aux États-Unis, les fonds publics sont à la main du DOE (pour Department of Energy) qui est largement mieux gréé pour analyser techniquement les propositions que nos ministères ou leurs affidés. Quand on parle de financement, on doit avoir en tête les questions de propriété intellectuelle qui sont bien présentes chez Bill Gates quand il reprend les avancées de la filière à neutrons rapides en France pour lancer Terrapower. Imaginer relancer une quatrième génération surgénératrice essentielle en France en soutenant maigrement deux *start-up* n'est pas sérieux. Soutenir des *start-up* sur des concepts d'autant moins établis qu'ils assaillent les médias, c'est prendre le risque de détourner vers des leurres des compétences rares qui vont manquer sur des projets moins flamboyants, mais plus assurés. Là encore, il est urgent que la solidité de l'action remplace le vernis du discours.

Il faut réapprendre à concevoir simplement, et à construire dans les délais. Concevoir simplement exige que les bureaux d'études et les gens de terrain soient en liaison très étroite, ce qui éviterait des conceptions interminables de produits inconstructibles. Construire dans les délais, cela suppose que chacun fasse son métier, Framatome celui de chaudiériste et de fabricant de combustible, EDF celui de constructeur/exploitant et le CEA celui d'organisme de recherche au service de la filière.

La maîtrise des grands chantiers gagnerait à s'inspirer des grandes industries qui l'ont conservée (les pétroliers, l'aéronautique, les grands acteurs du génie civil...). Il ne me semblerait pas scandaleux de faire appel à leurs services voire à leurs capitaux. Mais a minima, une idée claire des rôles respectifs de la maîtrise d'œuvre et de la maîtrise d'ouvrage est un prérequis pour sortir de l'ornière où vingt ans d'absence de grands projets nucléaires nous ont embourbés.

Enfin il faut construire, ce qui suppose la remise à niveau de l'outil industriel. La renaissance de Framatome est à cet égard exemplaire, tant pour la refonte de l'outil industriel que pour l'exigence de qualité qui a repris sa juste place. Il n'y a pas de raison de penser que cela ne puisse se faire avec le même succès pour tous les acteurs de la filière.

L'ordre des priorités doit être clair. La condition *sine qua non* pour avoir une filière industrielle solide à l'export est d'avoir une filière industrielle qui a fait ses preuves *at home* et qui répond aux besoins du pays. C'est cette primauté des besoins nationaux qui doit donner les ordres de priorités. Malheureusement, les premières réalisations de l'EPR, que ce soit en France, en Finlande, au Royaume-Uni, démontrent la perte de compétences de la filière nucléaire française du fait de ses vingt années d'inactivité. Aussi, la priorité est de remettre sur l'établi ce modèle à partir du retour d'expérience de ces premières réalisations, avec pour objectif d'en maîtriser les coûts et les délais de construction. Ceci passe certainement par une simplification drastique du *design*, une organisation industrielle tant du maître d'ouvrage que du maître d'œuvre exemplaire, le tout en vue d'assurer la pertinence économique du produit.

Last but not least : penser une filière industrielle suppose de penser en même temps la filière combustible et la filière réacteur. La filière électronucléaire française a été pensée autour du couple U/Pu : c'est là qu'est notre expertise, notre avantage concurrentiel. C'est cette filière qui doit rester dominante. Parce que la filière à eau pressurisée est de loin la plus répandue et la plus sûre. Parce que nous maîtrisons la fabrication du combustible, son recyclage, et la vitrification des déchets. On ne jette pas par-dessus bord des décennies de savoir-faire dans ce domaine pour satisfaire un effet d'annonce.

Pour un nucléaire durable

Reste la question du combustible, et de la souveraineté associée à cet aspect. Les ressources en uranium sont situées principalement au Niger, au Kazakhstan, au Canada et en Australie. Nous n'avons pratiquement pas de ressources en uranium. Nos ressources en uranium viendront donc nécessairement du Canada et de l'Australie. Si le nucléaire se développe, ne serait-ce que de 2 % par an dans le monde, en 2050 on commencera à être en tension sur les ressources en uranium. Il y a fort à parier que, à choisir entre la France, les USA et la Chine, le Canada et l'Australie serviront en priorité leurs puissants voisins. Il est donc clair que pour de simples raisons géopolitiques, il est indispensable de développer une filière qui fasse meilleur usage de l'uranium, et soit le plus possible indépendante de la mine.

Cette filière existe, c'est la filière à neutrons rapides refroidie au sodium qui, avec nos réserves de plutonium et d'uranium appauvri (déjà sur notre sol et dont nous sommes propriétaires), nous assure un millénaire de ressources en combustible nucléaire sans avoir recours à la mine ! Oui, cette même filière qui a été par deux fois sabordée, par l'arrêt de Superphénix, puis par l'arrêt d'Astrid. Il est urgent de corriger cette erreur historique en relançant la filière à neutrons rapides, de façon à l'avoir disponible en 2035 (ce qui veut dire avoir construit un démonstrateur et remobilisé les ressources industrielles) et déployable en 2050.

Conclusion

Le choix fait dans les années 1970 de la production d'électricité nucléaire répondait à une nécessité de souveraineté et de compétitivité industrielle de la France. Cinquante ans après, la lutte contre le réchauffement climatique fait de ce choix un atout majeur pour notre pays, pour sa souveraineté et pour garantir un prix stable et compétitif de notre électricité. Il est urgent que la filière électronucléaire se remette sur pied, ce qui demande rigueur et stabilité. Le nucléaire n'est pas une énergie de transition, mais une solution durable, ce qui impose de remettre en chantier une filière industrielle de réacteurs à eau pressurisée, adossée à une filière à neutrons rapides qui permet la fermeture du cycle, l'usage optimal de la ressource combustible et l'indépendance énergétique de notre nation.

Recherche, innovation et indépendance technologique

Pierre Papon

Les deux décennies qui se sont écoulées depuis la création de la Fondation Res Publica, en 2004, ont été riches d'événements scientifiques et techniques. La science du XXIᵉ siècle n'a certes pas connu de bouleversements majeurs, l'avènement de nouvelles théories, mais des progrès importants ont marqué ces années. Contentons-nous d'en rappeler quelques-uns. Ainsi, en 2012, la découverte d'une nouvelle particule, le boson de Higgs, au CERN à Genève, a-t-elle conforté (provisoirement peut-être ?) le modèle théorique de la physique des particules et des forces, et celle d'une nouvelle technique pour modifier à l'aide d'une enzyme le génome d'une cellule a ouvert de nouvelles perspectives au génie génétique[1]. Enfin, l'événement majeur de ces vingt dernières années fut, sans aucun doute, l'« avènement » de l'intelligence artificielle, au début de cette décennie, qui après une longue hibernation scientifique à la fin des années 1950, a percé grâce à la mise au point des neurones artificiels, ses applications envisagées dans de nombreux domaines faisant l'objet d'importants débats. Rappelons

1. Cette découverte a été faite par la Française Emmanuelle Charpentier (travaillant dans un Institut Max-Planck en Allemagne) et l'Américaine Jennifer Doudna. Elles ont reçu le prix Nobel de chimie en 2020.

aussi que l'épidémie de Covid, survenue en 2020, a révélé la vulnérabilité industrielle et technique de la France et de la plupart des pays européens face à une grave pandémie (production insuffisante d'équipements médicaux, pénurie de certains médicaments et de produits chimiques de base, etc.), résultat d'une désindustrialisation de la France et faute aussi d'un effort suffisant de recherche et développement (R & D). La mise au point rapide d'un vaccin à ARN messager a permis de maîtriser l'épidémie. Découverte, en 1961, par François Gros et François Jacob, cette molécule a été utilisée dans des vaccins mis au point par des laboratoires pharmaceutiques en Allemagne et aux États-Unis, et cette technique ouvre de nouvelles perspectives en matière de vaccin[1]. Dans ce chapitre après avoir rappelé les rôles de la science et de la technologie, nous donnerons un coup de projecteur sur l'état de la recherche en France et sur sa place dans la compétition internationale. Nous nous interrogerons ensuite sur la contribution d'un effort de recherche et d'innovation à la souveraineté nationale et nous conclurons par quelques propositions.

Recherche-Innovation : comprendre-agir

Un colloque de la Fondation Res Publica sur la recherche scientifique, en 2020, avait rappelé les « missions » de la

1. François Gros, conseiller du Premier Ministre, Pierre Mauroy en 1981, a présidé le comité d'organisation du Colloque national sur la recherche et la technologie organisé en 1981-1982 par Jean-Pierre Chevènement, alors ministre de la Recherche et de la Technologie. Voir Jean-Pierre Chevènement, Philippe Lazar, Pierre Papon, Louis Gallois, « Hommage à François Gros, savant engagé », Paris, Académie des sciences, 2024.

science[1]. Elle produit des connaissances sur la matière, l'univers, le vivant et la société avec l'objectif de mettre au jour les différentes manifestations de la réalité, des phénomènes et des structures par exemple, à partir d'expériences et d'observations (les modes de transformation de l'énergie, ceux de la transmission de l'information génétique dans les cellules, l'incidence des nouvelles techniques dans l'organisation du travail, etc.). Elle interprète des phénomènes et elle les prévoit avec des théories, du moins dans des disciplines comme la physique et la chimie, et plus partiellement en biologie[2]. Les mathématiciens, quant à eux, travaillent sur des objets abstraits (des nombres, des surfaces dans des espaces multidimensionnels, etc.) et ils démontrent des théorèmes et des conjectures à partir d'axiomes[3]. Les mathématiques, domaine d'excellence de la science française, jouent un rôle important, car elles permettent de « théoriser » et de modéliser les résultats de mesures et d'observations de phénomènes et donc de les « prévoir ».

Les découvertes de la science fondamentale ont souvent été à l'origine de produits et de procédés nouveaux et donc d'innovations qui furent parfois des ruptures techniques. Ainsi, l'invention du transistor dans les laboratoires de la Bell Telephone, à New York en 1947, résultat de l'application des concepts de la physique quantique à l'étude des solides semi-conducteurs comme le germanium, le

1. « La politique de recherche, un enjeu pour l'avenir », *Actes du colloque de la Fondation Res Publica,* 26 novembre 2020.

2. *Ibidem.*

3. Voir les propos du mathématicien Cédric Villani, médaille Fields de mathématiques, sur le rôle des mathématiques lors du colloque sur la recherche organisé par la Fondation Res Publica. Député de l'Essonne, Cédric Villani a présidé l'OPECST (Office parlementaire d'évaluation des choix scientifiques et technologiques).

constituant des premiers transistors qui remplacèrent les tubes électroniques des antiques postes de radio et permirent le développement rapide de l'informatique. Le concept de R & D qui englobe les activités de recherche dans les laboratoires publics et les entreprises et celles de développement, préalables à la mise sur le marché d'une invention, illustre bien la démarche, souvent longue, qui aboutit à une innovation. Il faut, toutefois, éviter de considérer qu'elle suit toujours un « modèle linéaire » : elle serait l'étape finale d'un processus initié par la recherche fondamentale, poursuivi par la recherche appliquée et une phase de développement. Ce modèle fit long feu, car il est simplificateur et s'applique difficilement aux petites entreprises et aux *start-up*. Quoi qu'il en soit, une innovation n'est un succès que si elle est acceptée « socialement », mais qui aurait pu prévoir qu'un simple conteneur de vingt pieds de longueur, une innovation qui ne devait rien à la recherche adoptée par un transporteur routier, aux États-Unis dans les années 1950, bouleverserait le transport maritime et la géographie mondiale des ports[1] ? Rappelons aussi que l'informatique et la robotique ont été à l'origine d'innovations majeures qui ont transformé les conditions de travail et des métiers depuis plusieurs années, y compris en chirurgie, des questions qui ont été largement abordées dans deux colloques de la Fondation Res Publica et qui rebondissent avec les progrès de l'intelligence artificielle[2].

1. Sur le rôle des innovations dans l'économie, voir Franck Aggeri, *L'Innovation mais pour quoi faire ? Essai sur un mythe économique et managérial*, Paris, Le Seuil, 2023.

2. Voir « L'impact des technologies numériques sur le travail et l'emploi », *Actes du colloque de la Fondation Res Publica*, 24 septembre 2019 ; et « La France face aux mutations du travail », *Actes du colloque de la Fondation Res Publica*, 8 novembre 2023.

Soulignons, enfin, que la science ayant une capacité de « prévision », la décision politique dans l'élaboration de politiques publiques peut ainsi s'appuyer sur une « expertise scientifique » dans des secteurs comme la santé, la défense, l'énergie, etc.[1]. Les scénarios d'évolution du climat ont ainsi été élaborés à partir d'observations et de modèles théoriques fondés sur les lois de la thermodynamique et de l'hydrodynamique[2]. Les modèles épidémiologiques ont joué un rôle important dans les décisions concernant les mesures de confinement des populations lors de l'épidémie de Covid[3].

La science française sur la voie d'un lent déclin ?

La capacité d'un pays développé comme la France à participer au progrès des connaissances, à innover et à faire face aux défis auxquels la planète est confrontée est conditionnée par la qualité et l'ampleur de son effort de recherche. Or, la situation de la recherche de notre pays est inquiétante, car presque tous les indicateurs sont à l'orange. Ceux publiés par l'Observatoire des sciences et des techniques (OST), rattaché au ministère de l'Enseignement supérieur et de la Recherche, montrent que les performances de la France en termes de recherche et d'innovation

---

1. Pierre Papon, *La Démocratie a-t-elle besoin de la science ?*, Paris, éditions du CNRS, 2020.

2. Voir « Quelle politique industrielle pour relever le défi climatique ? », *Actes du colloque de la Fondation Res Publica*, 28 septembre 2011.

3. Sur la question de l'application des modèles en sciences sociales et à la prévision, voir Alain Supiot, *La Gouvernance par les nombres*, Paris, Pluriel, 2020, et Erica Thomson, *Escape from Model Land*, Basic Books, 2022.

sont en recul constant depuis une dizaine d'années. Ainsi, s'agissant des publications scientifiques, la France était en 2022 au 13e rang mondial des vingt premiers pays publiant dans le monde (2,1 % du total des publications toutes disciplines confondues), au même niveau que le Brésil, derrière l'Italie, l'Espagne et l'Australie... elle était au 6e rang en 2010, derrière le Japon. La Chine est, aujourd'hui, le premier producteur mondial de publications devant les États-Unis (respectivement 25 % et 15 % du total). Les parts mondiales de la France sont plus fortes que la moyenne en mathématiques (3,6 %), en physique (2,6 %) et en biologie fondamentale (2,5 %), mais plus faibles en sciences pour l'ingénieur (1,8 %), et en chimie (1,4 %). On observe aussi que parmi les pays à haut revenu, la France est parmi ceux dont la part mondiale a le plus reculé. L'indice d'impact des publications scientifiques françaises (mesurant les références des articles à des publications antérieures) a fléchi depuis dix ans (en moyenne elles sont moins citées), ceux de la Suisse et des Pays-Bas étant les plus élevés[1].

L'insuffisance globale et récurrente du financement public et privé de la recherche française est un point central qui explique, en grande partie, sa situation[2]. En effet, depuis deux décennies, il plafonne autour de 2,2 % du PIB (les deux tiers portés par les entreprises), loin de l'objectif européen de 3 % adopté par la France, et nous devons nous comparer au 4,8 % de la Corée, aux 3,5 % des États-Unis,

1. Agénor Lahatte, Frédérique Sachwald, « Dynamique des publications scientifiques : le cas de la France », *Futuribles*, n° 458, janvier-février 2024, p. 53.

2. Philippe Gillet, *Mission sur l'écosystème de la recherche et de l'innovation*, Rapport à Madame la ministre de l'Enseignement supérieur et de la Recherche, juin 2023.

3,3 % du Japon, 3,2 % de la Suisse et de la Suède, et aussi des 3,1 % de l'Allemagne, voire des 2,4 % de la Chine... L'effort financier de la France est loin de la moyenne des pays de l'OCDE (2,7 % de leur PIB), juste en dessous de celle des pays de l'UE (2,3 %). La situation n'est pas meilleure pour les dépenses consacrées à l'enseignement supérieur : avec 1,4 % de son PIB, la France est juste en dessous de la moyenne des pays de l'OCDE. La dépense publique par étudiant a baissé de près de 10 % depuis 2010, et le nombre de doctorants diminue régulièrement (4 % en 2022 par rapport à 2021 pour la première année d'inscription en thèse)[1].

Cette situation de la recherche révèle un lent déclin préoccupant qui n'est l'objet d'aucun débat public. On doit certes se réjouir qu'en 2022 et 2023 trois chercheurs français aient reçu le prix Nobel de physique et qu'en 2022 un de nos mathématiciens la médaille Fields, mais ces succès ne se traduisent pas par une prise de conscience de la nécessité d'un effort pour redresser la barre alors qu'il s'agit d'une question vitale pour l'avenir de notre pays[2]. L'État n'est certes pas resté inactif : la loi de Programmation pour la recherche de 2020 prévoit d'accroître l'effort public de 5 milliards d'euros annuels d'ici 2030 et le plan France 2030 a investi dans des technologies d'avenir. Ces efforts sont significatifs, mais permettront-ils de combler notre retard ? Ce n'est pas certain, d'autant plus que les annulations de crédits décidées en février par le ministère des Finances ont touché fortement la recherche et l'enseignement supérieur

1. Emmanuel Basset, « La France est-elle encore un pays de science ? », *Futuribles* n° 459, mars-avril 2024, p. 5.

2. Louis Gallois, Pierre Papon, « Sans un effort accru de recherche, la France est menacée de "descendre en deuxième division" », *Le Monde,* 14 septembre 2023.

dont le budget pour 2024 a été diminué de 3 % (900 millions d'euros).

La recherche et l'innovation : des outils pour la souveraineté

La recherche permet de découvrir des propriétés de la matière, de comprendre des phénomènes biologiques et énergétiques, elle donne donc de nouveaux moyens d'action à un pays qui veut accéder à des techniques clés indispensables pour garantir sa souveraineté, notamment dans des domaines comme l'énergie, la défense, la santé, et les technologies de l'information (avec aujourd'hui celles de l'intelligence artificielle). La capacité à innover dans les domaines des matériaux et des processus énergétiques, des algorithmes, du génie génétique, est impérative pour une stratégie industrielle. La R & D et l'innovation sont, aujourd'hui, des atouts stratégiques dans la compétition internationale, comme le montre la rivalité entre la Chine et les États-Unis, ces deux pays considérant, en effet, qu'elles sont des outils clés pour leur souveraineté. Les États-Unis ont d'ailleurs massivement investi avec leur plan de relance dans des domaines stratégiques comme les semi-conducteurs et l'intelligence artificielle, ainsi que dans les énergies renouvelables.

Ce constat a incité La Fabrique de l'industrie à réaliser une étude sur le positionnement technologique de la France dans les technologies de pointe[1]. À partir des don-

1. Bellit Sonia et Charlet Vincent, *L'Innovation de rupture, terrain de jeu exclusif des start-up ? L'industrie française face aux technologies clés*, Paris, La Fabrique de l'industrie, décembre 2023.

nées de l'OST, elle a déterminé la part mondiale des brevets d'une vingtaine de pays pour douze « innovations de rupture », associées à des défis économiques et sociétaux (l'hydrogène pour les transports, les batteries électriques, le photovoltaïque, le recyclage des métaux stratégiques, les carburants pour l'aérien, l'ARN messager, la nanoélectronique et la spintronique, le calcul quantique, etc.). Elle met en évidence l'écrasante domination des États-Unis, du Japon, de la Corée du Sud et de la Chine qui figurent systématiquement dans le top 4 des pays pour ces 12 technologies ; les pays européens en sont souvent absents, certains y figurant dans huit cas sur douze, grâce à l'Allemagne dans six d'entre eux, et parfois au Danemark, à la Finlande et aux Pays-Bas, mais jamais la France dont le rang varie de la cinquième à la huitième place. Alors que les deux tiers des brevets sont associés à la transition énergétique, une priorité stratégique, elle n'apparaît jamais comme un pays leader ou spécialisé dans ce domaine (à l'exception de l'éolien en mer). L'étude conclut que la France subit sans doute un décrochage technologique. Un double effort s'impose donc pour y remédier : une dynamisation de notre effort de R & D et une stratégie industrielle misant sur les technologies d'avenir. La question se pose aussi au niveau européen dans plusieurs secteurs (l'énergie et les métaux critiques, les technologies de l'information, la santé, l'aérospatiale et la défense), des « alliances » industrielles et des programmes européens s'imposent pour maintenir la souveraineté de l'Europe.

Une urgence : préparer l'avenir

La plupart des indicateurs de la recherche et de la technologie pour la France révèlent une lente baisse de sa compétitivité scientifique et technologique, une réaction s'impose donc. Alors que faire ? L'État doit s'engager à respecter les objectifs de la loi de Programmation pour la recherche de 2020 et les entreprises doivent considérer qu'investir dans la R & D est un moyen pour préparer leur avenir. Rendre les débuts de carrière plus attractifs dans la recherche pour la jeune génération, et fournir un effort important pour la formation par la recherche en augmentant le nombre et le niveau des bourses de thèse est la première des priorités pour préparer l'avenir. Renforcer les approches interdisciplinaires dans les masters et les écoles doctorales est aussi nécessaire, car c'est souvent à la frontière de plusieurs disciplines que surviennent des ruptures scientifiques. Une réflexion prospective sur les grands enjeux scientifiques et techniques ainsi que sur leur impact industriel et social s'impose, car elle a été négligée ces dernières années. Le rôle de France Stratégie serait sans doute essentiel dans ce domaine. Renforcer le dialogue entre la science et la société est aussi indispensable, il est à plusieurs voix dans une démocratie : celles des scientifiques, des citoyens et des élus. L'approfondissement du dialogue entre les élus et les scientifiques passe par le renforcement du rôle de l'OPECST et celui entre les citoyens et les chercheurs pourraient être une mission confiée à la Commission nationale du débat public. Ce dialogue sera fructueux si des actions d'envergure sont entreprises en faveur de la culture scientifique. Un effort s'impose en particulier à l'école où l'enseignement des sciences doit être renforcé dans tous les degrés. Il devrait permettre aux futurs citoyens de comprendre les grands concepts et les méthodes de la science, en s'appuyant sur une approche expérimentale. La formation en mathématiques, unc discipline clé notamment pour l'informatique, doit être renforcée jusqu'au baccalauréat. Une mobilisation de moyens pour la recherche et l'innovation est urgente et incontournable si la France veut rester un grand pays scientifique, c'est en fait sa souveraineté qui est en jeu.

Quel avenir pour l'industrie de défense française à l'heure de la loi de programmation militaire 2024-2030 ?

Laurent Collet-Billon

Un nombre pour retracer le contexte général de notre industrie de défense. Cette industrie, représentée notamment par Dassault Aviation, Airbus, Nexter, Safran, Thales, Naval Group, MBDA, a assez largement bénéficié de la précédente loi de programmation avec environ 20 milliards d'euros par an allant dans les équipements de défense sous différentes formes (acquisitions, entretien du matériel, etc.). Ces 20 milliards d'euros vont principalement dans l'industrie en France, même s'il existe des achats à l'étranger. Nos exportations d'armements, extrêmement importantes en volume, sont absolument indispensables à la soutenabilité du modèle, notre industrie ne pouvant pas vivre sur les seules commandes nationales ou alors celles-ci pèseraient un poids absolument colossal sur le budget. L'État, la Direction générale de l'armement (DGA) principalement, surveille également 450 entreprises de tailles diverses réputées stratégiques dont les capacités de fabrication ou les capacités technologiques sont indispensables pour la réalisation de nos systèmes d'armes. Ce sont aussi 4 500 entreprises qui travaillent pour le ministère des Armées. Cela représente 200 000 emplois, non délocalisables, bien rémunérés, qui créent parfois une économie locale extrêmement utile à l'irrigation des territoires. C'est d'ailleurs une économie rentable pour l'État : le retour sur investissement se fait en trois ou quatre ans (les études économiques varient beaucoup sur le sujet selon les entrées que l'on veut bien donner).

Les évolutions extrêmement importantes qui sont devant nous vont exercer une influence significative sur les systèmes d'armes que nous allons devoir fabriquer, imaginer, projeter. *Low cost* ? Aspect volumique ? Reconstitution de stocks de guerre ? La problématique est assez simple : si nous voulons des stocks, même avec les augmentations prévues dans la nouvelle Loi de programmation militaire, il faut diminuer les prix et donc les coûts. Le contexte est d'autant plus difficile que la loi de programmation est en euros courants calculés avec une clé fixée par Bercy, dont on sait qu'elle sous-estime systématiquement l'inflation ; de plus des évolutions significatives des coûts sont dues aux matériaux de base, renchéris dans le contexte présent.

Nous avons aussi devant nous une interrogation profonde sur ce qu'est la « coopération » européenne en matière d'armement, un champ extrêmement difficile. Notre coopérant principal est – ou devrait être – l'Allemagne. Or, depuis un certain nombre de mois, voire d'années, nous avons avec l'Allemagne, sur le sujet de l'armement, des difficultés relationnelles assez profondes, les choix allemands se portant bien davantage vers des matériels américains que vers la coopération avec la France. Quelques exemples : le F35, l'aviation de patrouille maritime, les hélicoptères, la défense aérienne. En face de cela, le seul système vraiment en réalisation est un drone MALE hors de prix dont on se demande quels sont ses avantages par rapport à ce qui est aujourd'hui en service. La coopération en Europe est d'autant plus difficile que la posture du Royaume-Uni a radicalement diminué le champ des possibles depuis le Brexit.

Nous avons également devant nous des systèmes d'armes qui sont des sujets de conflictualité relationnelle intense. Le système de combat aérien du futur par exemple, avec plusieurs composantes, l'avion du futur, le *cloud* de combat, etc. sont des sujets de discussions permanents avec les coopérants potentiels : l'Allemagne et l'Espagne aujourd'hui. Mais ces programmes seront-ils à l'heure un jour ?

Ensuite nous voyons émerger la volonté de la Commission européenne de faire de la politique industrielle en matière d'armement. Sommes-nous ou non en phase avec cette intrusion de la Commission ? Il y a certainement des mises en commun de programmes d'armement et de systèmes d'armes qui sont à faire. Mais doivent-elles être faites au niveau de la Commission européenne ? Ce qui est certain, c'est que celle-ci n'a aucune capacité de maîtrise d'ouvrage, ce qui interroge sur ses capacités à orienter et piloter utilement des sujets complexes.

Nous sommes également devant des enjeux technologiques très importants, et pourtant quelque peu délaissés dans la LPM en cours. On peut citer notamment les drones de combat, le spatial, avec l'émergence de la conflictualité dans l'espace. L'espace Cyber, l'intelligence artificielle, le *big data*, le *cloud*, toutes ces technologies sont des approches de base qui sont à introduire de manière massive, dans toutes les dimensions de nos systèmes d'armes. On peut rajouter à cela le quantique, qui va induire des capacités totalement nouvelles en matière de senseurs dans un premier temps, avant de générer des capacités qui mettront à mal les dispositifs cryptographiques actuels.

Tout cela est devant nous et nécessite des développements importants. Avons-nous appris de nos erreurs ? Car nous avons raté le virage des drones, en raison d'un manque de flexibilité cruel, à la fin de la décennie 2000, peut-être en raison de rigidités budgétaires, mais aussi conceptuelles, or l'anticipation stratégique nécessite des flexibilités dont on peut se demander si elles sont prises en compte dans la LPM.

L'économie qualifiée d'économie de guerre est un concept qui mériterait d'être précisé. À tout le moins, il impose de revisiter les rôles de l'État, dans ses fonctions d'actionnaire, de régulateur et de maître d'ouvrage. Cette LPM amène donc en pratique à conduire une véritable réflexion sur la capacité de l'État à définir et mettre en place une « politique industrielle » au service de nos armées qui soit vraiment pertinente. Mais cette interrogation ne doit pas se limiter au moment où l'on conçoit la LPM. Ce doit être une interrogation permanente car « l'économie de guerre » est un problème difficile. Par exemple, Dassault Aviation n'accélère pas aussi vite qu'on le voudrait dans la production des Rafale alors qu'il bénéficie de commandes à l'exportation absolument remarquables. Il y aurait certainement matière à monter la capacité de production à quatre avions par mois. Mais ce ne sont pas les capacités de Dassault Aviation le point dur, c'est la *supply chain*, tous les sous-traitants, tous les coopérants, dont on sait qu'ils ne sont pas capables de monter en cadence aussi vite. La vision doit donc être ancrée dans la réalité des entreprises, ce qui nécessite un important effort de réintégration de l'information, de connaissance de ce milieu. Cela va très loin dans les détails, dans la connaissance de la « verticalité » pour prendre des mots à la mode. Par exemple, produire des objets explosifs ou propulsifs, de la poudre, nécessite de l'acide nitrique concentré et, avant cela, de l'acide nitrique. Or depuis bien des années nous n'en produisons plus et tous les règlements environnementaux, sécuritaires et autres font que même si cela était voulu, nous serions dans l'incapacité d'en produire même avec des délais très longs. Nous sommes donc devant une problématique très critique, la question de la disponibilité et de la sécurité d'approvisionnement des matériaux de base. Évidemment le domaine des composants électroniques est quasi caricatural, avec des sources d'approvisionnement à Taïwan, aux États-Unis... La souveraineté pourrait nous conduire à tenter de réinternaliser cette production en Europe, mais ce sont là des questions à beaucoup de dizaines de milliards, et qui ne concernent pas seulement la défense.

Sur ces points clés, les matériaux de base et les composants électroniques, une action européenne est donc plus que probablement nécessaire, et au fond il ne serait pas illégitime de voir la Commission prendre en charge l'animation d'une politique active sur cette thématique. L'économie française ne pourrait pas assumer une vision pertinente sur ces éléments de base toute seule.

La ressource humaine est critique pour répondre de manière positive aux augmentations de budget prévues dans la LPM. Ces dernières sont directement corrélées à l'augmentation nécessaire de la main-d'œuvre dans l'industrie d'environ 40 000 personnes donc, sur la LPM, un besoin supplémentaire pour l'industrie de défense et l'État d'au moins 20 000 à 25 000 ingénieurs, pour faire face à l'émergence de nouvelles technologies critiques... Or le système de formation d'ingénieurs en France ne le permet pas. La

« production » d'ingénieurs est d'environ 40 000 unités par an dont au moins un tiers part vers des métiers qui ne sont pas des métiers d'ingénieurs (finance, assurances, etc.). La ressource est rare et la compétition entre le monde civil et le monde de la défense est extrêmement ardue. Cette compétition ne porte pas seulement sur les technologies les plus avancées. On connaît l'exemple du recrutement massif conduit par Google en matière d'intelligence artificielle, mais la montée en puissance du programme EPR2 d'EDF va fortement contribuer à réduire la ressource disponible. À cela se rajoutent les questions de la rémunération des personnels de la défense et de leur fidélisation, questions fort épineuses et jamais correctement abordées. Il y a donc là un sujet clé qui est transverse à toute l'économie de la nation. Le message de réindustrialisation de la nation est un message très fort, important. Mais sur quoi s'adosse-t-il ? Il faut avoir les ressources intellectuelles, les ressources de techniciens, d'ouvriers, au sens large et au sens noble du terme, capables d'appuyer tout cela. Cela exige un grand effort qui ne passera pas simplement par l'augmentation du chiffre des élèves des grandes écoles.

Ces quelques interrogations concernant la LPM sont lourdes car elles peuvent conditionner la bonne exécution de cette loi de programmation militaire très porteuse. 413 milliards d'euros, qui en aurait rêvé en 2015 ? Quelques années auparavant nous étions dans des hypothèses catastrophistes que nous qualifiions de « Y » « Y' », « Y'' », avec en prime les séquelles de la révision générale des politiques publiques (RGPP). Mais il y a beaucoup à faire encore en la matière car l'économie de défense et l'industrie de défense sont liées à l'économie au sens large et à l'industrie civile. Et de manière de plus en plus lourde. Il est peu imaginable de faire vivre une base industrielle et technologique de défense sans une base industrielle nationale suffisante. Peut-être est-ce la raison pour laquelle le ministère de Bercy a complété son appellation avec le mot « souveraineté » ?

Quelle souveraineté alimentaire pour la France ?

Baptiste Petitjean

Après la désindustrialisation, la *désagricolisation* ? Le malaise agricole qui s'est exprimé bruyamment au début de l'année 2024 traduit l'angoisse d'un monde qui se voit disparaître[1], frappé, depuis des décennies, par une crise économique, sociale et morale. Or la fin de « la fin de l'histoire » (Francis Fukuyama) et le grand chambardement mondial ont rappelé la dimension stratégique de l'agriculture[2]. L'arme alimentaire a fait son grand retour et l'idée de souveraineté, presque disqualifiée à compter des années 1980, est redevenue un mot d'ordre mobilisateur, essentiel pour penser l'avenir, voire la survie des nations[3].

La notion de souveraineté alimentaire apparaît dans les années 1990 à travers le combat altermondialiste du mouvement Via Campesina, opposé à la libre circulation croissante des denrées dans le « village global[4] ». Au cours des trois décennies suivantes, les vagues de désindustrialisation

1. Bertrand Hervieu, François Purseigle, *Une agriculture sans agriculteurs*, Paris, Presses de Sciences Po, 2023.

2. « La dimension stratégique de l'agriculture », *Actes du colloque de la Fondation Res Publica*, 7 novembre 2011.

3. Sébastien Abis, *Veut-on nourrir le monde ? Franchir l'Everest alimentaire en 2050*, Paris, Armand Colin, 2024.

4. « La souveraineté alimentaire, un enjeu pour demain », *Actes du colloque de la Fondation Res Publica*, 21 octobre 2021.

se succèdent, et la formule refait surface avec l'irruption de la pandémie de Covid et les menaces de pénuries d'approvisionnement que l'on croyait disparues.

La souveraineté alimentaire ne peut être réduite à l'autarcie. Elle fait plutôt référence à la sécurisation de l'approvisionnement en produits alimentaires, en quantité, en qualité et en diversité, comportant bien entendu un volet de production intérieure robuste et dynamique, mais également des échanges maîtrisés et diversifiés. Derrière la souveraineté alimentaire, c'est bien l'idée de puissance agroalimentaire qui se profile[1].

Les grandes lois d'orientation agricole de 1960 et 1962 associées à la Politique agricole commune (PAC) avaient bouleversé nos campagnes et permis à la France de moderniser son agriculture, de restructurer ses exploitations et de lui offrir des débouchés extérieurs garantissant son développement[2]. La France demeure aujourd'hui le premier producteur agricole européen[3] (88,2 milliards d'euros), représentant 18 % environ de la production de l'UE[4]. Depuis le milieu des années 1970, pas un seul déficit de ses échanges internationaux agroalimentaires n'a été enregistré. Au cours de la décennie 2010, l'excédent commercial agricole et agroalimentaire est en moyenne de 8,4 milliards d'euros par an. En 2023, bien qu'il demeure la troisième grande catégorie en surplus derrière l'aéronautique et les cosmétiques et parfums, il se situe à 6,7 milliards d'euros[5].

1. Série « Agriculture, enjeu de reconquête : La France est-elle une grande puissance agricole et alimentaire ? », Haut-commissariat au Plan, juillet 2021.
2. Éric Alary, *L'Histoire des paysans français*, Paris, Perrin, 2019.
3. Productions végétales et animales.
4. « Graph'Agri 2023 », *Agreste*, janvier 2024.
5. Les chiffres du commerce extérieur cités dans cet article proviennent de la base de données des Douanes.

Cette vue générale dissimule toutefois une dégradation de notre puissance agroalimentaire et un repli productif à bas bruit. Tout d'abord, la France a vu ses parts de marché au niveau mondial fondre et passer de presque 8 % en 2000 (elle était alors le deuxième exportateur mondial) à 4,5 % en 2022. Elle est sortie du *top* 5 des exportateurs agricoles et agroalimentaires derrière les États-Unis, le Brésil, les Pays-Bas, la Chine et l'Allemagne. Alors que ses exportations agricoles et agroalimentaires ont augmenté de plus de 110 % de 2000 à 2023, ses importations ont bondi de près de 160 %. Les importations représentent désormais environ 20 % de l'alimentation nationale[1].

L'excédent commercial agricole et agroalimentaire de la France tient en fait à des résultats exceptionnels enregistrés dans deux catégories phares : les céréales (plus 7 milliards d'euros en 2023) et les boissons (plus 15,4 milliards d'euros). Plus grand exportatrice de céréales de l'UE, la France fournit une contribution remarquable à l'équation alimentaire mondiale[2]. Mais sans le champagne (plus 4,2 milliards d'euros en 2023) et le cognac (plus 3,3 milliards d'euros), la balance commerciale agroalimentaire passe en territoire négatif ! Cela introduit une forme de dépendance à l'export, exposant la France aux soubresauts de la conjoncture internationale et à de lourdes pressions commerciales, comme on avait pu l'observer avec la « taxe Trump » en 2019.

Avec une granularité d'analyse plus fine, une constellation de déficits sectoriels se distingue. Parmi les plus

---

1. « Accélérer la transition climatique avec un système alimentaire bas carbone, résilient et juste », *Rapport thématique du Haut conseil pour le climat*, janvier 2024.

2. Selon l'édition 2023 du rapport de la FAO, 735 millions de personnes ont souffert de la faim en 2022, soit une augmentation de 122 millions par rapport à la période préCovid.

importants figurent les produits de la pêche et de l'aquaculture (moins 5,2 milliards d'euros en 2023, plus de 1 milliard d'euros de déficit pour le saumon), les fruits et légumes (moins 7,3 milliards d'euros, moins 300 millions d'euros pour les seules tomates fraîches), les produits bio (moins 1,4 milliards d'euros en 2022[1]) ou la viande de volaille (moins 1,1 milliard d'euros en 2023, plus du double du déficit de 2021, notamment en raison des importations en provenance d'Ukraine). D'autres secteurs traditionnellement forts de l'agriculture française comme le secteur des produits laitiers et fromages (plus 2,2 milliards d'euros, en recul depuis 2021) ou les betteraves et l'industrie sucrière (environ plus 1 milliard d'euros) connaissent des difficultés. La perte de souveraineté alimentaire doit aussi être appréciée plus largement au regard de l'évolution de l'empreinte carbone : près de la moitié des émissions de gaz à effet de serre (GES) (46 %) est déjà actuellement liée aux importations destinées au système alimentaire français[2].

La vulnérabilité relative de la France à certains intrants et facteurs de production indispensables à la production agro-industrielle mérite également d'être soulignée. En plus des énergies fossiles indispensables au bon fonctionnement des engins, la France est fragile en matière de machines agricoles, dont le déficit a dépassé les 2 milliards d'euros en 2023. Puissance céréalière, la France affiche pourtant en amont de la production primaire un déficit sur les moissonneuses-batteuses (plus de 300 millions d'euros) et en aval sur les pâtes alimentaires (presque

1. « Le marché alimentaire bio en 2022 », *Agence BIO*, édition 2023.
2. « Notre alimentation, c'est combien de gaz à effet de serre (GES) ? », *Notre environnement, Portail d'information du gouvernement, Commissariat général au développement durable*, septembre 2022.

0,5 milliard). Grande exportatrice de pommes de terre (plus de 650 millions d'excédents), elle est déficitaire sur les récolteuses (24 millions) et dans la fabrication de chips (140 millions) ou de flocons de pommes de terre (61 millions). De même, la France ne parvient pas à se défaire de sa dépendance ancienne aux protéines végétales provenant d'Amérique pour l'alimentation du bétail : le déficit sur les tourteaux de soja est d'environ 1,2 milliard. Concernant les engrais et composés azotés, le déficit commercial s'élève à 2,4 milliards d'euros en 2023. Notre nation demeure toutefois *leader* dans certains domaines stratégiques comme les semences et plants, secteur excédentaire de plus d'1 milliard, ou de la filière « animaux vivants et génétiques », en surplus de plus de 2 milliards d'euros.

Enfin, c'est surtout vis-à-vis du marché intracommunautaire que le solde commercial agroalimentaire de la France s'est fortement dégradé depuis le début des années 2000, pour devenir déficitaire depuis 2015 (0,9 milliard d'euros en 2019[1]). Il faut y voir la compétition accrue à l'intérieur de l'UE : unification de l'Allemagne[2], dynamisme commercial (« effet Rotterdam ») et productivisme néerlandais, modernisation et spécialisation de l'agriculture espagnole, irruption et développement de nouvelles puissances agricoles au fil des élargissements à l'Est, notamment la Pologne, ont bouleversé le paysage agricole européen.

Les principaux facteurs explicatifs de cette évolution de la compétitivité (prix et hors prix) de la Ferme France sont

1. « Tableau de bord du suivi des exportations et des résultats à l'export des filières agricoles et agroalimentaires », *FranceAgriMer*, juillet 2020.

2. Thierry Pouch, Jérôme Vaillant, « L'Allemagne : une puissance contrariée, une économie chamboulée, une agriculture vulnérable », *Le Déméter 2024*.

bien documentés[1]. S'agissant de l'industrie agroalimentaire, on peut évoquer la stagnation du taux d'investissement des entreprises et une dégradation des taux de marge, le *dumping* interne à l'UE concernant le coût du travail, ou encore le manque d'intégration et de coordination des filières avec le secteur primaire. Concernant l'agriculture, il faut souligner le coût plus élevé en France des biens intermédiaires (engrais, produits phytosanitaires), et l'essoufflement des gains de productivité en agriculture depuis 2009 (0,22 % par an en moyenne) par rapport à la période 1959-2009 (1,45 %[2]). Autre explication : le dualisme du secteur, avec d'un côté des grandes exploitations de 139 hectares en moyenne en 2020 (19 de plus qu'en 2010) représentant environ 20 % de toutes les exploitations, mais presque 40 % de la surface agricole utilisée, et de l'autre la persistance de micro et petites structures qui représentent un peu plus de la moitié des exploitations, mais valorisent moins du quart (23 %) de la SAU[3]. Pourtant « cibles et fers de lance des politiques agricoles[4] », le nombre des exploitations de taille moyenne se contracte (à peine 100 000 en 2020, soit un peu moins du quart de toutes les exploitations).

Le maquis administratif et réglementaire est également pointé du doigt, et l'une des causes le plus souvent invoquées par les agriculteurs concerne la double concurrence déloyale induite par « les normes », à la fois :

---

1. Voir notamment « Compétitivité des filières agroalimentaires françaises », *FranceAgriMer*, juin 2021.

2. Jean-Philippe Boussemart, « Les producteurs, principaux perdants de la répartition des gains de productivité de l'agriculture depuis 1959 », *The Conversation*, 6 février 2024.

3. Taille des exploitations déterminée selon la production brute standard.

4. Bertrand Hernieux, François Purseigle, *Une agriculture sans agriculteurs, op. cit.*

– vis-à-vis des pays tiers, dont les standards de production ne respectent pas les règles européennes, mais qui inondent le marché européen. Plusieurs rapports ont établi l'effet négatif des programmes environnementaux, tels que *Farm to Fork* ou les *Biodiversity Strategies* qui font partie du *Green Deal*, sur la production agricole continentale (de – 10 à – 20 % en moyenne sur les cultures étudiées selon un rapport de l'Université de Wageningen[1]). Sans généralisation des clauses miroirs, ces agendas environnementaux interfèrent en fait avec les objectifs initiaux de la PAC, à savoir la sécurité alimentaire des États membres.

– au sein du marché unique : les Plans stratégiques nationaux (PSN) donnent à chacun des États membres davantage de marges de manœuvre dans leur *policy mix* agricole, au lieu de renforcer les complémentarités. Collecter et mettre fin à toutes les surtranspositions vis-à-vis des règles européennes constitue un préalable au service d'un objectif de bon sens : cesser d'importer et de mettre dans nos assiettes ce que nous nous interdisons de produire.

Les agriculteurs subiront de plein fouet les conséquences du dérèglement climatique. La disponibilité en eau sera, par exemple, largement remise en question, et la répartition de l'eau entre les différents acteurs de la société sera de plus en plus conflictuelle. Seul l'État, garant de l'intérêt général, sera en mesure d'arbitrer et d'inscrire le rôle de l'agriculture dans la transition vers une gestion durable de l'eau. La montée en puissance de la REUT (réutilisation des eaux usées traitées), qui concerne actuellement moins

1. « *Impact Assessment Study on EC 2030 Green Deal Targets for Sustainable Food Production Effects of Farm to Fork and Biodiversity Strategy 2030 at farm, national and EU level* », Université de Wageningen, 2021.

de 1 % des eaux usées traitées en France, l'application généralisée de systèmes de production économes en eau (goutte-à-goutte, calcul de l'irrigation…), des programmes infrastructurels et le recours à des espèces plus adaptées au changement climatique sont autant de pistes concrètes à examiner, territoire par territoire.

De manière générale, une réflexion sur la rémunération des mesures de « compensation écologique » et les « services écosystémiques » rendus par l'agriculture[1] doit être engagée (puits de carbone par exemple). La transition « agroécologique », si elle se fait à un rythme intenable pour les agriculteurs, n'aboutira qu'à une surenchère d'importations. Le soutien public sera décisif. Le plan France 2030 consacre 2 milliards d'euros à la « nouvelle révolution de l'alimentation saine, durable et traçable » d'ici 2030, essentiellement dans trois domaines : la robotique, le numérique et la génétique (on pourrait ajouter le biocontrôle). Sur ce dernier point, la recherche, le développement et l'emploi des nouvelles technologies de sélection variétale (NBT ou NGT[2]) seront cruciaux. Associée à l'agronomie, l'innovation et l'investissement dans l'agriculture de précision permettront d'améliorer les pratiques[3], alors que la consommation de pesticides rapportée à l'hectare[4] est déjà plus faible en France que chez ses principaux concurrents européens (3,7 kilogrammes par hectare, contre 10,7 aux Pays-Bas,

1. « L'implication du secteur agricole dans la compensation écologique », Centre d'études et de prospective, Ministère de l'Agriculture et de la Souveraineté alimentaire, décembre 2023.

2. *New Breeding Techniques* ou *New Genomic Techniques.*

3. Erik Orsenna, Julien Denormandie, *Nourrir sans dévaster, Petit précis de mondialisation*, Paris, Flammarion, 2024.

4. « Quel pays européen utilise le plus de pesticides ? », *Toute l'Europe*, 1er décembre 2023, données de la FAO.

5,38 en Italie, 4,59 en Espagne, 4,14 en Allemagne et une moyenne européenne de 3,2 kilogrammes).

« L'effacement[1] » de la population active agricole est un autre défi lancé à l'ambition de renforcement de la souveraineté alimentaire. Selon le dernier recensement (2020), la France compte un peu moins de 400 000 exploitations dans lesquelles 760 000 personnes (plus de 200 000 de moins qu'en 2010) travaillent de manière régulière, soit moins de 3 % de la population active. En 1945, les agriculteurs représentaient un tiers des actifs. Jamais une catégorie de métiers n'a connu un repli démographique d'une telle envergure en aussi peu de temps. D'ici 2026, près de 50 % des chefs d'exploitation agricole auront l'âge de partir à la retraite, et deux tiers des exploitants de 50 ans ou plus déclarent ne pas avoir trouvé de repreneur.

En plus du sacerdoce patrimonial qui constitue souvent un facteur bloquant dans l'installation de nouveaux agriculteurs, l'État devra trouver une clé de répartition et de contractualisation équilibrée de la valeur entre les maillons principaux de la chaîne alimentaire (production agricole, transformation agroalimentaire et grande distribution). Malgré les lois « Egalim », la rémunération des agriculteurs demeure un facteur majeur de la baisse d'attractivité du métier. En 2018, environ 18 % des ménages agricoles vivaient en dessous du seuil de pauvreté.

La transformation des mondes agricoles ne se réduit pas, cependant, à la diminution de la population active. Elle s'accompagne d'une érosion du modèle d'agriculture dite familiale (en fait « conjugale ») bâtie autour de la figure de l'exploitant, et d'une diversification, voire d'une

1. Bertrand Hervieu, François Purseigle, *Une agriculture sans agriculteurs*, *op. cit.*

« dispersion[1] » des modèles de production, des formes juridiques des exploitations, des statuts des agriculteurs, etc. La montée en puissance du salariat[2], la prédominance et la complexification de la forme sociétaire[3] des exploitations, ou encore l'essor de la délégation de travaux[4] (« tertiarisation » de l'agriculture) sont autant d'évolutions à prendre en compte. Un « cadre global[5] » ainsi renouvelé permettra d'accompagner au mieux l'avenir de nos agricultures et de tenir à l'écart des logiques de financiarisation décorrélant l'investissement foncier du projet économique.

Réencastrer dans l'action des pouvoirs publics et les attentes et injonctions parfois contradictoires du citoyen consommateur le temps long d'une agriculture plurielle, productive et responsable, intensive en savoir et génératrice de revenu pour les agriculteurs : tels sont les termes d'un nouveau contrat de société ambitieux autour de la maîtrise de notre destin alimentaire.

---

1. *Ibidem.*

2. 170 000 salariés non familiaux en 2020, soit plus de 22 % de la main-d'œuvre agricole, en hausse de 10 % de plus qu'en 2010.

3. 60 % des chefs d'exploitation gèrent ou cogèrent des sociétés. Au sein du marché foncier, la place des personnes physiques a tendance à diminuer : en 2021 elle ne concerne que 51 % des surfaces vendues, selon la SAFER.

4. 70 % des moyennes et 77 % des grandes exploitations externalisent leurs activités en ayant recours à entreprises de travaux agricoles. Au total, 56 % des exploitations ont recours à des prestations de services effectués par des entreprises de travaux agricoles.

5. Bertrand Hervieu, François Purseigle, *Une agriculture sans agriculteurs*, *op.cit.*

À propos des contributeurs de ce volume

Jean-Pierre Chevènement, ancien ministre d'État, fondateur et président d'honneur de la Fondation Res Publica ;

Alain Dejammet, ambassadeur de France et représentant de la France au Conseil de sécurité des Nations unies, ancien président du conseil scientifique de la Fondation Res Publica ;

Marie-Françoise Bechtel, présidente de la Fondation Res Publica, conseiller d'État honoraire, ancienne parlementaire ;

Jean-Michel Quatrepoint, ancien journaliste économique ;

Jean-Michel Naulot, ancien membre du collège de l'Autorité des marchés financiers ;

Jean de Gliniasty, ambassadeur de France, directeur de recherche à l'Iris ;

Jean-Éric Schoettl, conseiller d'État honoraire, ancien secrétaire général du Conseil constitutionnel ;

Benjamin Morel, maître de conférences en droit public, président du conseil scientifique de la Fondation Res Publica ;

Souâd Ayada, philosophe, correspondante de l'Académie des sciences morales et politiques, membre du conseil d'administration de la Fondation Res Publica ;

Matthieu Lahaye, haut fonctionnaire, spécialiste des politiques éducatives ;

Jean-Yves Autexier, ancien parlementaire, vice-président de la Fondation Res Publica ;

Sami Naïr, philosophe, ancien député européen, membre du conseil d'administration de la Fondation Res Publica ;

Joachim Le Floch-Imad, directeur de la Fondation Res Publica, essayiste et enseignant ;

Marcel Gauchet, philosophe, historien, directeur d'études émérite à l'EHESS, ancien rédacteur en chef de la revue *Le Débat* ;

Louis Gallois, ancien dirigeant de la SNCF et d'Airbus, coprésident de *La Fabrique de l'industrie* ;

Yves Bréchet, ancien haut-commissaire à l'énergie atomique, membre de l'Académie des sciences.

Pierre Papon, ancien directeur général du CNRS ;

Laurent Collet-Billon, ancien délégué général pour l'armement ;

Baptiste Petitjean, conseiller au haut-commissariat au Plan, membre du conseil d'administration de la Fondation Res Publica ;

Franck Dedieu, journaliste, directeur adjoint de la rédaction de *Marianne*.

La Fondation Res Publica

Création de la Fondation : fin 2004.
Reconnue d'utilité publique en 2005.

Fondateur et président d'honneur : Jean-Pierre Chevènement ;

Présidence : Jean-Pierre Chevènement (2004-2021) ; Marie-Françoise Bechtel (depuis 2021) ;

Vice-Présidence : Marie-Françoise Bechtel (2004-2021) ; Jean-Yves Autexier (depuis 2021) ;

Direction : Jean-Yves Autexier (2004-2010) ; Baptiste Petitjean (2010-2020) ; Joachim Le Floch-Imad (depuis 2020) ;

Conseil d'administration : Jean-Pierre Chevènement ; Marie-Françoise Bechtel ; Jean-Yves Autexier ; Dominique Garabiol ; Jean-Pierre Cossin ; Sami Naïr ; Soûad Ayada ; Françoise Bouvier ; Baptiste Petitjean ;

Présidence du Conseil scientifique : Alain Dejammet (2004-2021) ; Benjamin Morel (depuis 2021).

Table des matières

3

LES OUTILS DE LA SOUVERAINETÉ NATIONALE DANS LE DÉSORDRE MONDIAL

CET OUVRAGE
A ÉTÉ ACHEVÉ D'IMPRIMER
SUR ROTO-PAGE
PAR L'IMPRIMERIE FLOCH
À MAYENNE EN OCTOBRE 2024

#lisez! engagé
www.lisez.com
Pour plus d'information :
Imprimé sur du papier issu de forêts gérées durablement.

N° d'impression : 105657
N° d'édition : P32061/01
Imprimé en France